작정하고 재미있게 쓴
에피소드 인도

글 자현 ─ 사진 하지권

작정하고 재미있게 쓴

에피소드 인도

Episode India

아기 때 머리카락을 밀어주는 이유에 대해 생각해 본 적 있는가? 우리나라에는 아기가 태어난 뒤에 어느 정도가 지나면 배냇머리, 즉 엄마 배 속에서부터 나있던 머리를 밀어주는 관습이 있다. 그 의미를 물어보면, '머리카락이 많아지기 위해서'라는 답변이 되돌아오곤 한다. 그런데 과연 그것이 사실일까?

삭발했다가 머리카락이 자라나면, 아무래도 얇고 가는 배냇머리보다는 풍성해 보인다. 그러나 머리카락의 풍성함을 결정하는 것은 모근이며, 모든 체모는 일정한 굵기 이상 두꺼워지지 않는다. 그러므로 '더 풍성한 머리를 위해서'라는 말은 낭설이 된다.

어떤 사람은 '배냇머리가 약해서 잘 빠지기 때문에 이를 정리하기 위해서'라는 이유를 대기도 한다. 이 말은 일정 부분 설득력이 있다. 배냇머리가 빠져서 아기의 기관지 등으로 들어가는 것이 좋을 이유는 없기 때문이다. 그러나 과연 우리 조상들이 이와 같은 '위생 문제를 고려해서 머리를 밀어주었던 것일까' 하는 의문이 남는다.

오늘날이야 삭발이 쉬운 것이지만, 예전에는 잘 갈린 날카로운 삭도로 아기의 얇은 머리카락을 밀어야 하는 매우 위험천만한 일이다. 제대로 통제될 수 없는 어린 아기, 그것도 머리뼈가 아직 굳지 않은 상황에서 무시무시한 삭도를 머리에 댄다는 것은 보통 위험한 일이 아니다. 즉 여기에는 위생 문제 정도로는 이해될 수 없는 높은 위험 부담이 존재한다.

그렇다면 과연 무엇 때문이었을까? 이에 대한 해법이 『서유기』로 유명한 삼장법사 현장의 일대기인 『자은전(慈恩傳)』권9에 수록되어 있다. 여기에서 현장은 당나라 고종의 7번째 아들이 부처님의 은덕을 입어 질병으로부터 보호하고, 더불어 당 황실까지 발전시키는 방법으로 임시출가를 제안한다. 이렇게 해서 생후 1개월 만에 황자(皇子)가 출가하게 되는데, 이 인물이 바로 불광왕(佛光王)으로도 불리는 이현(李顯)이다. 불광왕은 이후 고종을 이어 당나라 제4대 황제인 중종이 된다. 현장에 의한 출가가 아이의 무탈한 성장은 물론 황위(皇位)에까지 오르게 하는 이적(異蹟)을 연출하고 있는 것이다.

종교적인 믿음이 투철하던 중세시대에, 사망률이 높은 아이를 보호하고 공덕을 산출하는 방법으로 임시출가가 현장에 의해 사용된 것이다. 실제로 이와 같은 전통은 오늘날까지도 운이 좋지 않은 사람들을 변화시키기 위한 방법으로 일부에서 이용되고 있다.

중세의 불교시대 속에서, 황실 문화가 일반 민가에까지 확대되는 것은 어찌 보면 당연하다. 특히 영유아 사망률이 높은 당시의 사회 환경 속에서, 이 방법은 크게 유행했을 것이라는 판단은 그리 어렵지 않다. 그러나 불교시대에 존재하던 어린 아이의 출가 풍습은 불교의 쇠퇴와 함께 정확한 의미를 잃어버렸다. 단지 배냇머리를 잘라주는 것처럼 삭발이라는 전통으로 오늘날까지 유전되고 있는 것이다.

문화란 물이나 바람과 같은 것이다. 그것은 벽에 부딪히면 단절되는 것이 아니라, 에둘러 가면서 새로운 흐름을 만들어낸다. 이것이 바로 문화의 속성이다. 인도는 매우 생소하기만 한 먼 나라이다. 그러나 그 문화전통은 불교를 타고서, 2000년을 동아시아와 함께해 왔다. 즉 익숙함과 생경함이 공존하는 문화, 이것이 바로 인도인 것이다.

불교는 친숙하지만 인도는 멀다. 그러나 이 두 가지는 사실 하나일 뿐이다. 또 인도야말로 21세기를 맞아 우리가 앞으로 알아나가야 할 가장 중요한 문화권이라는 점은 부정하기 어려울 것이다. 이를 위해서 이 책이 인도문화와 관련된 흥미롭고 재미있는 이정표가 되었으면 하고 바라본다.

– 인도의 신화 속에서 붓다를 마주하며…

CONTENTS

1   에피소드 인도문화

• •

3 에피소드 불상

4 에피소드 힌두교

외계인보다도 더 멀 것
같은 인도문화. 갠지스
강에 목욕하면 죄가 씻겨
천국에 간다고 믿는
사람들, 예배존상을
나체로 조각하고
신전의 외벽을 19금
포르노로 덮는 사람들.
그러나 선뜻 이해되지
않는다고 해서 불합리한
것은 아니다. 그들의
관점으로 뛰어 들어가
인도와 마주하게 되면,
그들에게도 한없는
낭만과 가슴시린 사랑이
있음을 알게 된다.

에피소드 인도 문화

1

손에 든 스마트폰 하나면,
파리에서 길을 잃어버려도 찾는 것이
일도 아닌 게 요즘세상이다. 그런데
이러한 글로벌 시대임에도 불구하고,
세계는 눈에 보이지 않는 투명한
벽으로 가로막혀 있다. 이것이 바로
문화권에 의한 장벽이다. 중국에
기독교나 이슬람교가 들어가지 못한
것이나, 영국이 인도를 200년간이나
지배했어도 인도에 기독교가 거의
존재하지 않는 것을 통해서 쉽게 알
수 있다.

인도는 우리에게 가장 먼
문화지역이다. 어떤 의미에서
'이상한 나라의 엘리스'와 같은
나라가 바로 인도인 것이다. 그러나
다른 지역과 문화권에서 살더라도
모든 인간은 유사한 사고를 하는
존재이다. 다름에 대해 이해되지
못하는 부분이 있는 것이지, 이해할
수 없는 측면이 존재하는 것은
아니다. 인도 역시 사람 사는 곳이며,
그들의 문화전통에도 나름의 의미와
곡절이 내포되어 있을 뿐이다.

50 · 60년대 무성영화에서 키스신이
나오면, 당시 관객들은 '서양 놈들은
불량하다'는 표현을 사용하곤
했다. 70년대 서양의 백인을 보면,
양놈이나 코쟁이라고 놀려대곤 했다.
이제는 누구도 그렇게 행동하지
않는다. 그것은 그들의 문화와
형태적인 특징이 우리문화 속에서
이해되었기 때문이다.
그러나 인도문화는 아직까지
우리에게 너무나도 생경하다.
배움이란 비판의 잣대를 들이대는
것이 아니라, 관찰과 이해를
통해서만이 증진되는 가치이다.
다름을 즐기려는 마음, 이것이
필요하다. 이것만 있다면 하늘을
흐르던 강인 갠지스에서 목욕을
할 수도 있고, 무더운 문화에서
발생하는 나체주의를 수용할 수도
있다. 그리고 타지마할과 산치에서는
그들의 지순한 사랑과 비극적인
사랑에 대해서도 확인해보게 된다.

사시사철
복날을 사는
인도 개

● 불살생의 인도에서 개는 어디서라도 자유롭게 활보한다.

붓다의 비유에 "개에게 돌을 던지면 돌을 쫓아가지만, 사자에게 돌을 던지면 사람을 공격한다"는 것이 있다. 개는 어리석고 사자는 지혜롭다는 의미인 건 알겠는데, 쉽게 이해가 안 된다. 비유라는 게 당시의 일반론에 빗대서 어려운 내용을 쉽게 푸는 것이 아닌가? 그런데 아무렴 돌을 쫓아가는 개가 어디 있다는 말인가?

그런데 인도에 막상 가보면 이 의미를 바로 알게 된다. 인도의 개는 진짜 영혼이 없는 것 같기 때문이다. 개는 땀샘이 없어서 체내에 열이 찰 경우 이를 잘 배출하지 못한다. 그래서 혀를 길게 내밀고 입을 통해서 열을 배출하는 게 고작이다.

개는 둘째 치고 사람도 체내에 열이 차서 효율적으로 배출되지 않으면, 무기력해지다가 결국 정신이 다운되고 만다. 체온이 불과 몇 도만 올라도 사람들이 의식불명상태에 빠지는 것을 생각해 보면 되겠다. 인도의 기온은 무척 무더워서 겨울에도 낮 기온이 30도가 넘고, 여름에는 40~55도까지 올라간다. 즉 인도 개들은 우리로 치면 사시사철이 복날인 게다.

우리는 종종 '복날 개 팔자'라는 표현을 사용한다. 그러나 이 말은 사실 '늘어진 개 팔자'나 '개 팔자가 상팔자'라는 것에 '복날 개패듯'이라는 표현이 중첩된 것이다. 즉 개는 일을 안 하니 편하다는 의미에 복날에 개를 때려서 잡아먹는 풍속이, 개라는 공통점을 통해서 단일화된 것이다.

삼복더위가 되면 개는 몸에서 열이 잘 빠지지 않아 퍼져 있다. 그런데 하필 복날의 '복(伏)' 자가 'ㅅ+犬'의 구조로 되어 있기 때문에, 복날에는 개를 잡아먹는 풍속이 생긴 것이다. 그러나 이 글자의 본래 의미는 개가 주인에게 납작 복종하듯이, 강렬한 무더위에 서늘한 기운이 눌려 있다는 의미이다. 즉 글자의 해석 오류가 복날 개를 잡아먹는 풍속을 만들었고, 그것도 더위를 물리치기 위해서 때려서 죽이는 잔인한 양상을 만들어낸 것이다.

인도 개는 1년 12달이 언제나 복날이다. 덕분에 늘상 퍼져 있다. 이렇게 수세대를 진화하면서 어리석게 된 것이다. 즉 개에게 돌멩이를 던지면 돌을 쫓아갈 정도로 지능이 낮다는 말이다. 붓다의 비유가 일견 이해되지 않았지만, 인도에 가 보면 저절로 고개가 끄떡여진다.

개를 먹지 마라

같은 이유에서 '개를 먹지 말라'는 의미도, 인도와 우리나라는 완전히 다르다. 우리나라에는 이 말에 '영물로서의 개'라는 의미가 내포된다면, 인도에는 혐오식품이기 때문이라는 뜻이 깃들어 있다. 인도에는 천한 음식을 먹는 사람은 그 음식에 의해서 사람 자체도 오염된다는 인식이 있다. 인도의 개는 지능이 낮고, 또 무더위로 인해서 피부병이 심해

지저분하기까지 한 동물이다. 그래서 개는 혐오식품이 된다.

우리나라에 '흰 개는 죽어서 사람이 된다'는 말이 있다. 이는 개라는 영물적인 측면에 흰색이라는 길상 및 최고라는 의미가 결합되어, 흰 개는 사람보다 조금 낮을 뿐이라는 인식을 파생한 것이다. 그러나 인도 개에게는 이런 건 없다. 같은 개지만 문화에 따라 전혀 다른 양상을 보인다. 이것을 받아들이는 것이 다른 문화를 이해하기 위해서 우리가 갖추어야 할 기본 조건이다. 즉 10년 동안 죽은 주인을 기다린다는 영화 〈하치 이야기〉의 감동이 인도에는 전혀 존재할 수 없는 것이다.

갠지스 강변 화장터의 개 떼

갠지스 강변 노천 화장터의 개들이 가장 인상적이었다. 화장이 막 끝난 자리에서 몸을 비벼대는 놈들이다. 땅 바닥에 남은 화장 열기 속에서 피부의 기생충을 죽이는 모습이다. 그러다보면 백구가 금방 검둥개가 되곤 하는데, 그래도 '자신의 문제를 고치려는 의지는 있구나'라는 생각이 드는 부분이다. 물론 화장재를 바르고 다가오기라도 한다면, 이는 정말 식겁할 일이 아닐 수 없다.

맨 처음으로 돌아가 보자. 붓다의 비유 중 이제 개에 대해서는 이해가 된다. 그런데 사자에게 돌을 던지는 사람이 과연 있을까? 또 광

- **위** 방금 화장한 곳의 열기 속에서 뒹굴며, 털 속의 벌레를 죽이는 개의 모습.
- **아래** 중국 산서성 오대산의 푸른색 사자를 타고 있는 문수보살상. 파란색은 시원하고 명쾌한 지혜를 상징한다.

활한 개활지에서 집단을 이루며 사는 사자 곁에 다가가 돌을 던지는 행위가 과연 가능하기는 한 것일까?

사자는 맹수 중 유일하게 집단생활과 집단사냥을 한다. 사실 집단을 이루는 것은 약자여야지 강자여서는 안 되는데, 사자는 자연의 규칙을 어기고 있는 것이다. 비근한 예로 무리를 짓는 짐승들은 임팔라 같은 약자이며, 호랑이나 표범 등의 강자들은 모두 집단을 이루지 않는다. 즉 사자만 강하면서 무리를 짓는 생태계의 반칙왕인 것이다.

사자가 집단사냥을 하면서 동물을 몰아가는 것을 보고, 인도인들은 사자가 지혜롭다고 판단했다. 그래서 사자는 용맹의 상징인 동시에 지혜의 상징이 된다. 불교에서는 지혜를 상징하는 문수보살이 푸른색 사자를 탄 모습으로 묘사되는 것도 바로 이와 같은 이유이다. 이러한 '사자=지혜롭다'는 등식 속에서, 붓다는 개와 사자를 대비시켜 비유하고 있는 것이다. 그러나 그렇다 하더라도 사자에게 돌을 던진다는 설정은 은근히 사람을 미소 짓게 한다.

하늘을
흐르던 강,
갠지스

● 새벽의 갠지스 강은 낮의 소란스러움을 잉태한 채, 언제나 묘한 매력 속에 잠겨 있다.

인도와 중국의 공통점은 문화의 중심이 서쪽에서 시작해 동쪽으로 이동한다는 것이다. 과거 장안으로 알려진 오늘날의 서안에서 낙양을 거쳐 포청천으로 유명한 개봉으로, 그리고 예전에는 연경이었던 오늘날의 북경까지. 중국의 중심은 이렇게 동으로 달려왔다. 인도도 마찬가지다. '인도' 하면 인더스 문명이 떠오르지만, '강' 하면 갠지스 강이 떠오른다. 인도 지도는 히말라야를 머리에 이고 있는 역삼각형 형태에, 북쪽의 히말라야를 좌우로 해서 인더스 강과 갠지스 강이 여덟 팔(八)자로 벌려 있다.

　　우리가 많이 들어본 인더스 문명은 사실 흑인 문명이다. 원래 아프리카에 붙어있던 인도대륙이 떨어져 나와 아시아와 충돌하는 양상이기 때문에, 원주민은 당연히 흑인이다. 인더스 문명은 발전하면서 관계수로를 정비하게 된다. 그런데 이로 인해 고대문명은 몰락의 길을 걷는다. 홍수가 사라지면 동시에 비료도 사라지기 때문이다. 그러나 고대인들은 이것을 몰랐다. 그래서 모든 고대문명은 홍수를 극복하는 것을 기점으로 농업생산량이 급감하고, 결국 서서히 무너지게 된다.

　　인더스 문명이 힘을 잃은 상황에서, 지금의 아프가니스탄이 위치한 서북쪽에서 백인의 유목민인 아리안 족이 침략해온다. 과거 전쟁에서 농경민은 유목민의 상대가 되지 않는다. 몽고가 한 번 떨치고 일어나자 천하가 징기스칸의 발밑에 무릎을 꿇은 것을 생각해 보면 되겠다. 이렇게 해서 지배층인 백인과 노예인 흑인이라는 수직적인 흑백 구조가 만들어지게 된다. 이것이 바로 카스트제도이다. 인더스 강 쪽은 이렇게 고착화되어, 경직된 문화가 주류를 점하게 된다.

그러나 인더스 강 반대편의 갠지스 강 쪽은 달랐다. 그곳은 아리안 족의 문화가 원주민의 문화와 충돌하면서 새로운 가치들을 파생하여, 새 생명을 잉태한 창조의 땅이었다. 이러한 핵심에 바로 갠지스 강이 있는 것이다.

지 상 으 로   내 려 온   천 상 의   강

인더스에서 갠지스로의 문화이동을 인도인들은 신화를 이용해서 멋들어지게 표현했다. 이 이야기는 『라마야나』라는 인도의 유명한 장편 서사시에 기록되어 있다. 그에 따르면 원래 인도의 동부, 즉 갠지스 강 쪽에는 강이 없었다. 이는 사람들의 삶이 매우 불편했다는 것을 의미한다.

또 이 지역의 왕인 바기라타에게는 용맹을 뽐내다가 신의 뜻에 거슬려 불에 타 죽은 6만 명의 조상들이 있었다. 이들을 천상으로 천도하기 위해서는 천국을 흐르는 강, 갠지스 강물이 필요했다. 그런데 천상에 있는 물을 어떻게 지상에서 구할 수 있겠는가. 이에 바기라타는 하늘을 흐르는 은하수인 갠지스 전체가 땅으로 내려오도록 서원

갠지스 강 인근의 구조물 왼쪽에는,
히말라야를 배경으로 호랑이 가죽을
깔고서 머리로 하늘의 은하수를
받아내는 푸른색의 시바 신이 그려져 있다.

갠지스는 오늘도
뭇 생명들을 품에 안은
엄마의 강으로서 유유히
흐르고 있다.

을 세우고, 오랜 시간 수행에 전념한다. 그 결과 마치 『열자』 「탕문」의 '우공이산(愚公移山)' 고사처럼, 하늘의 갠지스가 지상으로 쏟아져 내려오기에 이른다.

그러나 하늘의 거대한 강이 지상으로 떨어지면 땅 위의 모든 생명이 파괴될 수 있는 문제가 발생한다. 그러므로 힌두교 최고의 신인 시바가 자신의 긴 머리를 풀어헤쳐서 갠지스 강이 머리카락을 타고 지상에 내려올 수 있도록 하게 된다. 덕분에 지상에는 없던 천국의 강 갠지스가 흐르게 된 것이다. 천상을 흐르던 신성한 강에 조상의 재를 넣자 그들은 강의 신령한 힘에 의해서 천계로 가게 된다. 또 강이 없던 곳에 거대한 강이 생겨 대지를 적시게 되자, 갠지스 강변은 사람이 살기 적합한 윤택한 터전으로 거듭난다.

우리는 이 이야기를 통해서 인도에도 중국의 '우공'만큼이나 독한 인간이 있었다는 것을 알 수 있다. 세상의 예기치 않은 변화는 때론 이런 우직한 사람들에 의해서 이루어지고는 한다.

갠지스 강에 신성을 부여하다

갠지스 강의 하강이란, 과연 무슨 의미일까? 그것은 인더스에서 이동한 문화의 축이 갠지스로 넘어오면서, 갠지스의 신성을 강조하기 위한 종교적인 방어기제이다. 즉 자신들은 인더스에 필적할 만한, 아니 인더스 강을 능가하는 신성한 강을 가짐으로써 신령한 문화를 구축하고 있다는 의미이다.

또 여기에는 바기라타를 조상과 백성을 생각하는 모범적인 수행자 겸 왕으로 내세우고, 최고의 신 시바의 개입이라는 신성한 승인이 내포되어 있다. 이를 통해서 갠지스 강은 인더스 강을 넘어선 신성한 강이 된다. 더불어 갠지스 문명은 강력한 자신감 속에서, 인더스 문명을 넘어서는 화려한 문화의 꽃을 피워낼 수 있게 되는 것이다. 다만 문제는 오늘날까지도 인도는 과거의 신화틀 속에 갇혀 갠지스 강의 신성함만을 예찬하고 있다는 점이다. 즉 갠지스에 신성을 부여한 것은 후발이었던 갠지스 강 문명이 떨치고 일어나려는 강인한 의지였다면, 지금의 갠지스는 과거의 인더스와 같은 굴레에 지나지 않는 것이다.

이제 더 이상 갠지스는 없다. 그러나 동시에 인도는 새로운 갠지스를 요청받고 있는 것이다.

목욕하면
죄도 함께
씻어진다

더운 지역 사람들은 물의 상쾌한 마력에 쉽게
사로잡힌다. 인도의 목욕문화나 기독교의 세례 및 침례는
같은 관점의 다른 열매일 뿐이다.

● **위** 목욕이라고 하면 때를 미는 것을 떠올릴 수도 있지만, 갠지스에서는 물에 몸을 담그는 정화의식을 생각하면 되겠다.

● **아래** 동틀 무렵의 갠지스, 태양을 향해 신성한 기운으로 기도를 올린다.

종교는 성스러움에 대한 추구인 동시에 가장 편리한 방어기제이기도 하다. 인간은 왜 종교를 믿을까? 신을 믿기만 하면 모든 죄가 사해진다는 주장은 그 이유를 분명하게 나타내준다. 다이어트를 하는 사람에게 '무엇을 믿으면 살이 빠진다'고 한다면, 그것은 불가능한 일이라고 할 것이다. 반면에 '신을 믿으면 일순간에 죄가 사라져 청정해진다'고 한다면, 그것은 또 가능하다고 말한다. 이는 보고 싶은 것만 보고 믿고 싶은 것만을 믿으려고 하는 인간들의 심리를 단적으로 드러내주는 대목이다.

인도인들은 신보다도 더 편한 갠지스 강을 가지고 있다. 갠지스 강에 목욕하기만 하면 죄가 소멸해서 천상에 태어나는 것이다. 물론 갠지스는 신격화되어 인도인들에게는 강가(갠지스에 대한 인도식 칭호) 여신으로 불린다. 이는 중국의 황하가 신격화되어 고주몽의 외할아버지가 되는 것과 유사하다고 할까?

갠지스에서 목욕하면 죄가 씻어지는 이유는, 갠지스 강이 본래 천국을 흐르는 강이므로 하늘의 속성을 내포하고 있기 때문이다. 육체의 정화와 더불어 영혼까지도 맑혀 주는 강, 그것이 인도인들에게 갠지스이다. 그러나 모든 종교행위가 그렇듯, 이것은 믿는 사람들에게만 적용되는 논리이고 믿지 않는 사람들에게는 그저 신기한 이방의 진풍경일 뿐이다.

목욕을 통해서 죄가 씻어진다는 생각은 다소 생경할 수도 있다. 그러나 굳이 인도가 아니더라도 날씨가 더운 지역에서 이와 같은 인식은 상당히 보편적이다. 무더위 속에서 시원한 강물에 목욕하는 것은 정신을 상쾌하게 하고 온몸을 개운하게 한다. 이것은 현실에서 느끼는 일종의 해탈경지인 것이다. 더운 지역 사람들의 생각은 바로 이와 같은 체험에 기초한 것이다.

목욕이 단순히 육체만을 씻는 것이 아니라 정신도 씻는 것이기 때문에, 갠지스 강에서 목욕하는 이들은 몸만 아니라 머리끝까지 푹 담근다. 또 이 물을 마시기도 하는데, 이는 우리가 동지에 팥죽을 먹어 안에 있는 부정한 것을 털어내는 것과 유사하다.

물과 목욕을 통해서 갱생한다는 관념은 인도뿐만 아니라, 더운 지역에서는 보편적이다. 기독교의 세례나 침례와 같은 것도 같은 연장선상에서 이해될 수 있으며, 이와 유사한 양상은 이슬람에서도 확인된다. 그러나 인도는 지상에 천국을 흐르는 강을 가지고 있다는 점이 다르다. 이는 그 어떤 무더운 지역에서도 생각해 보지 않은, 인도인들만의 스티브 잡스와도 같은 창의력이다. 즉 천주교에는 보통의 물을 성수(聖水)로 바꿔야 하는 번거로움이 있다면, 힌두교에는 강 자체가 본래부터 성수인 항상함이 존재하는 것이다.

갠지스 강이 인간을 정화시켜 줄 수는 있지만 그 효과는 영원하지 않다. 마치 목욕을 마치고 물기를 닦게 되면 그 즉시 먼지가 앉게 되는 것과 같다. 그래서 살아서 죄를 줄이고 나쁜 영향으로부터 벗어나기 위해서는 계속해서 목욕하는 것을 반복해야만 한다. 그러므로 더 중요한 것은 죽은 뒤에 화장하여 갠지스에 수장되는 것이다. 이런 경우는 더 이상의 삶이 없기 때문에 죄가 발생할 수 없다. 그러므로 곧장 천상으로 가게 된다는 논리가 가능해진다. 이것이 오늘도 갠지스 강변에서 화장이 성행하는 이유이다.

또 인도에는 두 강물이 합해지는 합수가 특별히 신성하다는 관념이 있다. 이는 동아시아 전통에서도 확인되는 것이어서 무척 흥미롭다. 인도의 바라나시는 바라 강과 아시 강이 합해지는 합수지역에 위치한다. 도시 명칭도 두 강의 이름이 더해진 '바라+나시'이다. 그렇다 보니 이곳은 갠지스 중에서도 가장 신성한 곳이 된다. 그래서 바라나시의 계단식 목욕시설인 가트에는, 언제나 목욕하는 사람과 화장하는 사람 등이 한데 뒤얽힌 진풍경이 연출되곤 한다.

인도인들은 갠지스 강물을 마시기도 한다. 하지만 신령스럽기 때문에 아무리 더러워 보여도 강물에 의해서는 배탈이 안 난다고 말한다. 여기에 덧붙여, 갠지스 강은 히말라야를 거치면서 신성한 약초 기운을 함유하고 있다고도 한다. 중국 황하가 황토고원을 거쳐 흙탕물이 되듯이 히말라야를 통과하면서 최고의 약물이 된다는 것이다.

사실 바라나시 갠지스 강의 더러움에 비해서 식중독과 같은 문제가 발생하지 않는 것은 매우 신비하다. 그러나 바라나시 쪽 인도인들에게는 장애인 비율이 더 높게 나타난다. 이는 수인성 질병은 발생하지 않지만, 오염된 물이 그 지역 사람들에게 심각한 위해요소가 된다는 것을 의미한다. 그러나 종교적인 신념이 투철한 인도인들에게 이것은 문제가 되지 않는다. 왜냐하면 영혼에는 장애가 없으며, 이들은 갠지스 강물을 통해서 죽어서는 천상에 태어나기 때문이다.

오늘도 바라나시 강변의 '죽음을 기다리는 집'에는 많은 노인들과 병자들이 죽기만을 기다리고 있다. 이들은 단지 하나의 목적으로 살아간다. 죽어서 갠지스 강변에서 화장된 뒤 수장되어 천상에 태어나려는 것이다. 이들의 사후생과 관련된 강렬한 의지는, 모든 종교가 그렇듯 죽음마저도 무력화시키고 있다.

영혼은
화장의 연기를
타고

● 바라나시 갠지스 강의 계단식 구조물인 가트에는, 언제나 화장하는 연기가 자욱하게 내려앉아
있다. 흰 연기 속에서 누군가의 시신은 또 그렇게 화장되고 있다.

농경문화는 땅을 중심으로 붙박여 살며, 농사는 혼자 짓기 어려운 특성상 자연스럽게 대가족 제도를 형성하게 된다. 이렇게 해서 연장자에 대한 존중, 지속적인 관리가 가능한 매장(埋葬)문화가 대두된다. 그러나 유목은 풀을 따라서 자유롭게 이동한다. 이렇다 보니 사후관리가 어려워 자연적으로 화장(火葬)문화가 발달한다.

유목의 잦은 이동생활에서 나이 많은 사람들은 장애가 된다. 그래서 자연히 젊은 사람 위주의 문화가 형성된다. 또 한 거점을 중심으로 양들을 방목하는 과정에서, 양치기들은 외따로 떨어져 며칠이고 양만을 돌봐야 하는 일이 발생한다. 알퐁스 도데의 『별』은 외로운 양치기의 반복적이고 잔잔한 일상을 잘 묘사하고 있다. 이러한 과정에서 '개인주의'와 '하늘에 대한 외경심'이 성장하게 된다. 끝없이 펼쳐진 푸른 초원의 말 못하는 짐승무리들 속에서, 인간은 하늘 외에는 마주할 대상이 없는 것이다.

유목문화가 있는 곳은 대부분 광활하고 척박한 초지이다. 그러므로 딱히 지형지물을 통해서 길을 찾을 수가 없다. 그렇다 보니 별을 보고 방향을 찾는 것이 발전하게 되는데, 이것과 연관된 것이 별자리와 점성술이다. 여기에 상층대기의 충돌로 마른벼락이라도 치게 되면, 분노한 하늘과 천상 위의 신들 세계를 생각하게 되는 것이다.

천상에 신이 있다는 생각과 화장문화가 결합되면, 화장의 연기를 타고 영혼이 하늘로 올라간다는 관념이 가능해진다. 설마 그럴까 싶지만, 유목에서 양이나 소를 불에 태우는 번제(燔祭)를 생각하면 이해가 쉽다. 불에 태우면서 발생하는 연기를 하늘의 신들에게 올려보내는 것이다. 즉 연기는 인류가 발견해낸 최초의 택배였던 것이다.

번제는 불에 짐승을 굽는 화제(火祭)이다. 이때 사용되는 것이 희생양(犧牲洋)인데, 유목에서 가장 많이 기르는 동물이 바로 양이기 때문이다. 이 양은 면양이 아닌 산양이다. 이슬람의 양고기나 양꼬치 등을 생각하면 되겠다. 그러나 유목이 정착생활로 바뀌어 농경화되는 지역에서는 양 대신 소가 사용된다. 희생양의 희생(犧牲)이라는 글자를 보면, 모두 소 우(牛)자가 들어가 있다는 것을 알 수 있다. 즉 '희생+양'이라는 단어만으로도 양과 소라는 두 가지 번제 양상이 잘 나타나 있는 것이다.

연기라는 매체를 통한 택배문화는 불교를 타고 동아시아로 전파되어 우리문화에도 영향을 미치게 된다. 사찰에서는 현대에도 49재를 지내는 마지막 날, 죽은 사람의 물건을 태워 영혼에게 전달하는 의식이 있다. 또 유교적인 장례풍습에도 죽은 사람의 물건은 소각해서 그 사람에게 전해준다는 측면이 있다. 실제로 이와 같은 인식 때문에 우리의 과거 많은 문화재들은 죽은 사람과 함께 소각되곤 하였다.

이외에도 연기를 통한 신과의 연결은 향문화를 통해서 오늘날까지 유전하고 있다. 향문화는 이집트에서 시작되어 인도에 영향을 미치고, 이것이 다시금 불교를 타고 동아시아로 전파된 것이다. 『삼국유사』 「아도기라」에는 향이 처음 신라에 유입되었을 때, 그 사용법을 몰랐다는 분명한 기록이 있다. 그런데 이때 승려가 향을 사용하면 '신명과 통하게 된다'고 설명해준다. 즉 향이란 신과 통하는 일종의 메신저인 것이다.

오늘날 향은 불교를 넘어서 모든 제의의 첫째[焚香]로 사용된다. 이런 점에서 본다면, 인도의 문화가 우리와 사뭇 멀리 있는 것은 아니라는 생각이 든다.

화 장 이 더 비 싸 다

사람들은 흔히 화장이 더 경제적인 장례법이라고 생각한다. 그러나 이것은 요즘 들어서 그런 것이지, 과거로 거슬러 올라가면 화장이 더 고급 장례문화이다. 매장은 땅을 파고 묻으면 끝나지만, 화장은 시체를 효율적으로 태우기 위한 준비물이 필요하기 때문이다. 특히 인도와 같이 화전으로 인해 나무가 귀한 지역에서는 더욱 그렇다.

불교 관련 기록들을 보면, 붓다 당시에 일반 서민들은 시체를 화장하지 않고 한림[寒林, 시다림(尸陀林)]과 같은 곳에 유기하는 경우

● **위** 바라나시 화장터의 뒤쪽에 산더미처럼 쌓여 있는 장작.

● **아래** 화장목을 다는 저울과 추. 가난한 이들은 시신을 충분히 태울 장작을 구하지 못하기 때문에, 때론 타다 만 시신이 갠지스 강으로 밀어 넣어지기도 한다.

가 많았다. 이는 유목민인 아리안 족의 화장문화가 갠지스 강 유역까지는 완전히 일반화되지 않았으며 경제적으로 더 많은 비용이 발생하기 때문이다.

오늘날의 인도는 화장문화가 보편화되어 있다. 여기에는 고온다습한 기후 속에서 전염병을 예방하기 위한 합리적인 측면도 존재한다. 그러나 그 근저에는 화장을 통해서 천상에 가고픈 과거의 뿌리 깊은 유산이 서려 있다.

화장을 통해서 신에게 갈 수 있는지는 알 수 없다. 그러나 그 속에서 우리는 유목민의 정서와 인간의 이상세계에 대한 간절한 추구를 목격하게 된다.

죽음과
맞물린
수행자의
의복

● 대나무로 만든 사다리 형태의 평상 위에 황색 천으로 덮여 있는 시신. 옆에 쌓인 나무무더기가
저 시신이 화장될 나무의 전체이다.

죽음을 통한 삶의 환기

독일의 실존주의 철학자 하이데거는 '언제나 죽음을 떠올려서 삶을 환기하라'고 역설한다. 즉 죽음이 일깨우는 삶의 진정한 의미에 주목하라는 것이다.

내일 죽는 사람을 탐욕이 구속할 수 있을까? 모든 인간은 시한부 인생을 산다. 다만 그 기간에 차이가 있을 뿐이다. 그럼에도 우리는 내일과 미래를 위해서 오늘을 투자하며, 집착과 애욕의 삶을 살게 된다. 그러나 죽음을 정시하는 사람은 삶의 문제로부터 벗어나 진정한 삶을 영위할 수 있다. 이것이 고대 인도수행자들의 모습이다.

주검을 감싼 천, 가사(袈裟)

'가사' 하면 우리나라에서는 스님들이 착용하는 불교의식복을 떠올리게 된다. 그러나 사실 가사는 붓다 이전부터 존재하던 인도 수행자들의 전통적인 복장문화이다. 단지 이를 붓다가 불교를 만들면서 수용한 것이다.

본래의 가사 재료는 버려진 천들인데, 이를 몸에 맞춰 적절하게 기워 만든다. 즉 가사란 특정한 의복형태를 지칭하는 것이 아니라, 우리식으로 말하면 각설이들의 누더기와 같은 것이다. 그래서 가사를

● 화장을 마친 뒤 바닥의 재를 정리하고 있는 인도인.

● 시체를 감쌌던 황색 천 위에 화장재와 주변의 흙을 담아 나르는 모습.

분소의(糞掃衣), 즉 '쓰레기 옷'이라고 한다. 수행자는 일반인에게 피해를 주지 않는 최소한의 조건 속에서 살아가므로, 이와 같은 양상이 초래되는 것이다.

그런데 한 번 더 생각해 보면 '과거에 버려진 천이라는 것이 과연 있었을까?' 하는 생각이 든다. 직물이란 산업화되기 이전에는 손이 많이 가는 값비싼 생산물이다. 그러므로 정상적인 천이 버려지는 경우는 없다. 그렇다보니 버려지는 천들은 터부(금기)와 관련된 부정한 것들이었다.

예컨대 아이의 해산 때 피와 양수가 묻거나 첫 월경처럼 부정을 상징하는 것이 묻은 경우, 우리의 굿과 같이 1회용 종교의식에 사용되고 버려지는 것, 신상을 장엄했던 천과 시체를 싸거나 덮은 천 등이 그것이다. 이 중 온전한 천이 가장 많이 나오는 경우는 시체와 관련된 부분에서이다.

인도는 윤회론을 믿기 때문에 시체를 더 이상 필요 없어진 헌옷과 같이 생각한다. 그래서 시체에 대한 공포나 존경심이 없다. 이는 우리가 시신 속에 그 사람의 정신이 일부라도 깃들어 있다고 생각하는 것과는 다르다. 그렇다보니 시체를 유기하거나 화장하는 데 전혀 거리낌이 없다.

시신을 유기하는 문화는 고대에 흔히 발견된다. 이는 더운 인도에서는 매장하자니 번거롭고, 화장하자니 경제적으로 비용이 초래되기 때문에 생기는 문제이다. 시체를 유기할 경우에도 알몸으로 버릴 수는 없으므로, 미라처럼 천으로 시신을 감았다. 이럴 경우 얼마의 시간이 경과하면 시신이 썩어가면서 천이 시체로부터 유리된다. 이것을 취해서 수행자들은 가사로 사용했다.

또 화장을 할 때 시체를 덮는 우리식의 명정과 같은 천은 태우지 않는데, 이것을 주워서 가사로 사용하는 경우도 있다. 이런 천들을 기워서 옷을 만든다는 것은 생각만 해도 으스스하기 짝이 없다. 그러나 수행자는 이렇게 죽음을 가까이에서 느끼는 사람들이다. 그리고 이를 통해서 생의 집착을 여의고 올바른 삶을 관조하고자 한다.

실제로 아예 시체의 유기 장소를 수행처로 삼아, 시신이 노천에서 부패되는 과정을 보면서 수행하는 경우도 있다. 이를 뼈를 보게 된다고 해서 백골관[白骨觀, 고골관(枯骨觀)]이라고 한다. 즉 고대인도의 수행문화는 죽음과 정확히 맞닿아 있는 것이다.

가사의 의미와 재염색

가사는 인도 말 카사야(kaṣāya)를 음사한 것으로, 색을 무너트렸다는 괴색(壞色)과 부정색(不正色)의 의미이다. 종교의식에 사용되는 천은 화려한 원색계열이다. 또 시체를 싸는 천은 흰색이지만, 덮는 천은 붉은색과 황색이 사용된다. 이렇다보니 이런 천들을 조각조각 기워서 입게 될 경우, 광대나 밤무대 의상처럼 알록달록한 우스꽝스러운 모습이 연출된다. 이러한 문제를 해소하기 위해서 누더기를 재염색하게 되는데, 이럴 경우 본래의 색이 무너지고 탁해지는 상황이 발생한다. 가사, 즉 '괴색'이라는 의미는 바로 여기에서 비롯된 것이다.

예전에 염료는 시대를 막론하고 비쌌다. 그래서 수행자들은 황토를 파서 구덩이를 만들고 그 속에 물을 붓고 반죽한 후, 가사를 쑤셔 넣어 재염색하는 방식을 사용했다.

그러다가 가사 역시 점차 정형화되기 시작한다. 이는 붓다에 의해서 가장 먼저 살펴지는데, 더 이상 버려진 옷을 누더기로 기워서 사용하지 않고 일반천을 황토로 염색해서 사용하게 된다[「의건도(衣犍度)」]. 마치 우리 전통에 남는 조각천을 기워서 조각보를 만드는 것이 있었지만, 지금은 멋스럽게 하기 위해서 천을 조각내 조각보를 만드는 것처럼 말이다.

흰 천을 황토로 염색하다보면, 그 과정에서 황토의 색깔에 따라 붉게 물드는 경우도 있고, 때론 황색이 되는 경우도 있다. 이 두 가지는 오늘날까지 불교가사의 전통으로 내려온다. 즉 북방불교의 붉은색 가사와 남방불교의 황색 가사 전통이 여기에서 만들어진 것이다. 어떤 사람은 인도에서 화장시에 덮는 명정의 색이 남자는 황색이고 여자는 붉은색이라는 점에 착안하여, 가사색이 여기에서 유래한 것이라고도 하지만 이것은 올바른 것이 아니다.

당당하게
얻어 먹는
문화

● 인도는 무덥기 때문에 상대적으로 수분이 적은 음식문화가 발전한다. 그래서 밥을 카레에
비벼서 손으로 먹는 것이 가능하다.

걸사(乞士), 빌어먹는 선비

중국으로 불교가 전래되면서, 남성승려를 가리키는 말인 '빅슈(bhikṣu)'를 음사해서는 '비구(比丘)'라고 하고 번역해서는 '걸사'라고 했다. 그런데 걸사라는 의미가 빌 '걸(乞)' 자에 선비 '사(士)' 자로 '빌어먹는 선비'라는 의미여서 재미있다. 선비이긴 한데 빌어먹는다? 뭔가 문화적인 오해가 느껴지는 부분이다.

　　인도는 무더운 아열대기후로 2모작 3모작이 가능하다. 이로 인하여 음식이 풍족해서 굶주리는 경우가 없다. 그런데 무더운 기후는 음식의 저장을 불가능하게 한다. 실제로 불교의 규율에는 '아침에 짠 주스를 오후에 먹지 못한다'는 규정이 있다. 이는 자연발효에 의해서 술이 되는 경우가 발생하기 때문이다. 이것이 인도다. 그래서 밥 역시 해당 끼니는 그때 모두 처리하는 것을 원칙으로 한다. 그렇지 않을 경우는 버려야 하는데, 이럴 때도 부주의할 경우에는 전염병의 위험이 초래되는 문제가 발생한다. 그래서 인도에서는 남는 음식을 가져가 주는 사람에게 고마움을 표하는 문화가 존재하게 된다.

　　동아시아는 다소 추운 기후대에 속하기 때문에 음식이 부족하고 저장이 용이하다. 실제로 우리나라만 하더라도 70년대까지 보릿고개가 있었고 '식사하셨습니까?'가 인사일 정도이니, 예전의 상황을 짐작해 보는 것은 어렵지 않다. 그래서 음식의 구걸은 걸인 즉 거지의 행위가 된다.

● 미얀마에서 음식을 걸식하는 승려와 공양 올리는 신도. 여성이 볼에 칠한 것은 다나까라고
하는데, 전통적인 선크림에 해당한다.

그러나 인도는 누군가가 음식을 처리해 주지 않으면 상황이 더 복잡해진다. 마치 요즘 빵집에서 저녁이 되면 유통기한이 임박한 빵을 무료로 나눠주는 것과 같은 상황을 생각하면 되겠다. 이때 그 빵을 아무도 가져가지 않는다면, 팔 수 없는 빵을 주인이 별도의 돈을 들여서 처리해야만 하는 문제가 발생하게 된다. 이와 마찬가지이다. 그래서 인도에서는 걸인에게 음식을 줄 때에도 주는 사람이 고맙다고 인사를 하는 진풍경이 연출된다. 동아시아 걸인의 비굴한 표정과는 다른, 인도 걸인의 당당한 기상은 이와 같은 인도문화의 전통 속에서 존재하는 것이다.

손으로 먹는 문화와 국물음식의 문화

우리나라 식단에는 유독 국물음식이 많다. 그렇다보니 손으로 음식을 먹을 수 없어 숟가락과 젓가락 같은 도구가 발달하게 된다. 그런데 '왜 우리 식단에는 국물음식이 많을까?'를 생각해 본 적 있는가? 이유는 식재료가 부족했기 때문이다. 그래서 물을 넣어 최대한 많은 양을 만드는 조리법이 발달한 것이다. 콩나물국의 실질적인 식재료 양을 한번 생각해보면 이해가 쉽다. 그리고 같은 이유에 의해서 식재료가 많이 들어가는 찌개 같은 음식은 해방 후 최근에야 만들어진 신메뉴일 뿐이다. 또 뜨거운 음식을 선호하는 것은 다소 추운 환경에서 열을 보충하는 한 방법으로 음식이 사용되었기 때문이다.

우리의 주식인 밥도 마찬가지이다. 뜸 들일 때 압력을 가해서, 최대한 수분이 많이 들어가는 밥을 만드는 것이 우리의 밥 짓는 기술이다. 즉 쌀에 효율적으로 물 먹이는 행위를 하고 있는 것이다. 그런데 전 세계적으로 이런 밥을 먹는 나라는 우리와 일본뿐이다.

인도와 같이 음식물이 풍부하고 또 더운 나라에서는 국물음식이 거의 없다. 또 밥을 지을 때도 뜸 들일 때 오히려 물을 따라내서 수분 함량을 줄여버린다. 그렇기 때문에 카레에 비벼서 손으로 먹는 것이 가능하다. 만일 우리가 먹는 것과 같은 밥을 준다면, 뜨거워서 손으로 먹는 것은 불가능하다. 인도음식은 수분이 적어서 잘 결합되지 않고, 뜨겁지 않은 특징을 가지고 있다. 이는 젓가락과 같은 도구의 사용이 용이하지 않다는 것을 의미한다. 결국 수저 대신 손이 사용될 수밖에 없다. 앞서 설명했듯이 인도와 동아시아의 음식문화가 사뭇 다른 이유는 식재료의 '풍요와 빈곤', 그리고 '더위와 추위'라는 기후환경에 의한 것임을 알 수 있다.

또 음식의 풍요는 해당 문화의 음식 인심과 그대로 직결된다. 이것이 인도에서는 수행자에게 음식을 공급하는 것을 자랑스럽게 여기는 문화를 낳게 되는 것이다. 이에 비해서 동아시아에서 음식을 제공한다는 것은 그 사람에게 은혜를 베풀어주는 것과 상통한다. 오늘날까지 누군가에게 미안하거나 고마울 경우, 우리는 밥을 사는 것으로 대체한다. 속칭 '거하게 한 번 사는 것'이다. 세월이 바뀌어도 음식에 대한 판단은 아직까지도 유효한 것이다.

인도-유럽의 아리안 문화에서는 정신을 물질에 비해서 고등한 가치로 인식한다. 아리스토텔레스가 말하는 '형상과 질료'의 논리 정도로 이해하면 되겠다.

인도에서 음식을 얻는 행위는 점심을 기준으로 식전과 식후에 두 차례 이루어진다. 수행자는 식전에 도는데, 이를 걸식 즉 음식을 빈다고 한다. 그리고 걸인과 같은 경우는 식후에, 즉 남은 음식을 처리하는 과정에서 이루어진다.

수행자에게 제공하는 음식은 원래 별도로 만들어지는 것은 아니었다. 다만 음식을 조리하는 과정에서 예상보다 초과되었다고 생각되는 부분을 수행자에게 제공했던 것이다. 이럴 경우 수행자는 공양된 음식을 받고, 인생의 가르침을 설해주거나 또는 축원을 해서 그 사람이 잘되기를 기원해 준다. 즉 일방적으로 받는 구조가 아니라, 물질과 정신의 등가교환이 이루어지는 것이다. 이때 음식을 주는 사람은 자신에게는 남는 음식을 주는 것이므로, 가르침을 받는 것이 더 이익이 된다. 그래서 수행자에게 고마움을 표하는 문화가 발생한다. 이것이 뒤로 가면서는 아예 좀 더 음식을 넉넉하게 해서 수행자에게 제공하는 것을 기쁨으로 여기는 문화로 변모하게 된다. 음식이 흔하다는 점을 고려한다면, 적은 노력으로 수행자를 공양하고 가르침을 받을 수 있으니 좋다는 것이다.

걸인에게 줄 때에는 음식을 먹고 남은 것을 준다. 이 경우도 주는 사람은 자신에게 남는 군더더기를 가지고 불쌍한 사람을 도와줘 복을 쌓을 수 있음에 즐거워한다. 그래서 주면서도 받아가는 걸인에게 오히려 고마움을 표하게 된다.

이 정도가 되면 인도에는 동아시아의 음식제공문화와는 완전히 다른 문화가 존재한다는 것을 알 수 있다. 그래서 인도에서는 수행자가 음식을 얻는 것이, 마치 벌이 꽃에서 꿀을 취하는 것과 같이 청정하다는 인식을 확보하게 된다. 수행자가 음식을 직접 조리하는 것은 무소유의 실천이라는 수행의 목적을 방기해버린 안일한 생활태도라는 것이다.

그런데 과거의 동아시아 전통에서는 인도의 식문화를 이해하지 못했다. 그래서 걸사의 번역은 뜻이 틀린 것은 아니지만, 비웃음 섞인 조롱을 면할 수 없게 된다. 이와 같은 비판의식과 배경문화의 차이는, 결국 동아시아의 불교를 사찰에서 음식을 조리해서 먹는 문화로 신속하게 변모시키게 된다. 그리고 이는 다시금 걸사를 더욱더 이해하기 힘든 모습으로 남게 한다.

윤회론에서
비롯된
반려동물 문화

● 새의 왕인 가루다를 타고 있는 힌두교의 비쉬누 신(엘로라 석굴).

서양 사람들이 우리나라 TV방송 중 가장 이색적이면서 신기하게 여기는 것은, 동물이 말하는 것처럼 더빙하는 〈동물농장〉 같은 프로그램이다. 동물들의 행동이나 표정을 절묘하게 편집해서 작가가 대사를 씌워 놓은 것을 보면, 때론 보는 우리 역시 진짜 그런 것 같다는 감탄이 나오곤 한다. 그러나 한국인들에게 이것은 그저 그럴 법한 것이지 특이할 만한 것은 아니다.

기독교의 신에 의한 창조과정에는 동물에게 신성이 존재할 부분이 전혀 없다. 이런 점에서 동물은 또 다른 의미의 인간을 위한 도구이자 수단일 뿐이다. 그렇기 때문에 기독교문화에서는 동물이 인간처럼 사유하고 말한다는 개념이 존재하지 않는다. 이것이 서양인들이 우리의 동물 프로그램을 보면서 놀라는 이유이다.

동물도 인간처럼 생각하고 말한다는 것은 인도의 사고이다. 인도는 윤회론을 믿기 때문에 동물과 인간이 서로 교차될 수 있다. 즉 현상은 다르지만 그 본질에 있어서는 차이가 없는 것이다. 이런 사고가 동물도 말한다는 개념을 낳게 되는 것이다.

전 세계적으로 동물이 말하는 가장 대표적인 문헌은 『이솝 우화』이다. 그러나 실상 『이솝 우화』는 인도의 이야기가 그리스인 이솝에 의해 집취된 것일 뿐이다. 즉 동물을 준인간으로 대우하는 문화는 인도의 윤회론에서 비롯된 것이다. 이것은 후일 인도가 채식문화로 변모하는

데 일조하게 된다. 이는 기독교문화에서 동물이 수단화되어, 효율이라는 잣대 속에서 대량소비의 대상이 되는 것과는 완전히 다른 측면이다.

반려동물의 인식과 시작

인도의 동물에 대한 준인간적 인식은 세계 최초의 동물병원에 대한 기록이 인도에 있고, 또 반려동물에 대한 의식이 인도에 존재하는 이유가 된다.

인류의 신화시대에 동물들이 신으로 차용되는 것은, 동물에게 있는 특수하게 뛰어난 능력 때문이다. 예컨대 켄타우로스라는 반인반마의 형상은 인간이 취하고 싶어 한 말의 달리는 능력을 잘 나타내 준다. 이는 이집트의 매 머리를 한 천공신 호루스나, 자칼 머리를 한 죽음의 신 아누비스 등을 통해서도 잘 나타난다.

그러나 인도는 동물의 특정 능력만을 선택적으로 수용하지 않고, 동물과 함께한다는 인식이 있다. 즉 반려동물에 대한 생각인 것이다. '반려동물' 하면 서구적인 문화가 떠오르지만, 실상 그 기원은 인도의 윤회론에서 찾아진다.

● 머리가 9개 달린 코브라를 양산 삼아.
나체로 명상에 잠겨 있는 자이나교 성자 마하비라.

인도신화에서는 반려동물이 신의 탈것으로 나타나고 있어 흥미롭다. 여러 가지 변화된 모습으로 나타나기를 좋아하는 인도의 신 비쉬누는 머리가 1,000개 달린 아난다라는 킹코브라를 물침대처럼 사용한다. 더운 인도라는 점을 생각한다면, 시원해서 좋을 것 같기는 하지만 왠지 섬뜩하기 이를 데 없다. 인도신화에서 비쉬누는 아난다 위에 누워 우주를 수호한다. 이는 인도라는 아열대기후에서 킹코브라 토템이 얼마나 강렬한지를 잘 나타내준다. 실제로 불교 역시 이 영향을 받아, 붓다 또한 머리 9개 달린 킹코브라에 앉아 있는 양상이 존재할 정도이다. 또 킹코브라는 불교를 타고 동아시아로 전파되면서는 용으로 번역된다. 즉 불교에서 말하는 용은 사실은 인도의 킹코브라인 것이다.

비쉬누는 이동할 때, 매가 변형된 새의 신 가루다를 타고 다닌다. 그런데 가루다가 비쉬누의 탈것이 되는 내용을 보면, 신의 권위에 복종하는 것이 아니라 비쉬누의 부탁을 가루다가 수용하는 일종의 계약관계가 형성되고 있어 주의가 요구된다. 즉 신이라고 해도 동물을 함부로 할 수 없는 것이 인도인 것이다. 가루다는 맹금류의 왕인데, 이러한 이미지는 오늘날까지 인도네시아의 대표항공사인 가루다항공을 통해서 남아 있다.

또 '비쉬누 신' 하면 빼놓을 수 없는 게, 다양한 모습으로 변화해서 이 세상에 나타난다는 것이다. 이를 인도말로 '아바타'라고 하는

● 아난다에 누워있는 비쉬누(인도 델리박물관). 비쉬누의 배꼽에서 피어난 연꽃 속에서 창조주 브라만이 태어나고 있다.

● **왼쪽** 사자를 타고 있는 여신상(엘로라 석굴).
● **오른쪽** 시바 신의 탈것인 암소 난디.

데, 바로 여기에서 아바타[분신(分身)·화신(化身)]라는 말이 유래한다. 즉 우리가 인터넷 상에서 나를 상징하는 존재를 아바타라고 하는 것이나, 영화 〈아바타〉와 같은 측면들은 모두 비쉬누에서 시작되는 것이다.

희랍의 제우스에 비견되는 인도의 인드라 신은 여섯 상아를 가진 흰색의 코끼리[六牙白象]를 타고 다닌다. 이 코끼리는 이름이 난다기리인데, 용과 같은 위력을 가졌다고 해서 용상(龍象)이라고 불린다. 이는 과거의 인도 군주들이 코끼리를 타고 다닌 것을 신화로 차용한 것으로, 인드라 신은 신들의 왕이기 때문에 '여섯 상아의 백상(白象)'이라는 코끼리의 왕을 타고 다니는 것이다. 이러한 여섯 상아의 흰코끼리는 불교에 수용되어, 붓다의 탄생과 관련해 태몽으로 나타난다.

또 오늘날 힌두교에서 가장 인기 있는 신인 시바는 '난디'라는 소를 타고 다닌다. 이는 아리안 족의 유목문화가 인도에 정착되면서 농경화되는 모습을 보여주는 것이다. 그런데 흥미로운 것은 시바 신전에 가보면, 언제나 그 앞에 난디 신전도 함께 있다는 것이다. 이는 인도인의 관점에서 동물은 단지 수단이 아니라는 것을 잘 나타내준다.

이와 같은 반려동물과 탈것이라는 인도문화는 불교에도 고스란히 영향을 미친다. 그래서 대승불교에 오면 문수보살은 푸른 사자를 타고, 보현보살은 여섯 상아의 백상을 타는 것으로 묘사되어 오늘에까지 이르고 있다.

나체주의를
주장하는
자이나교

철저한 불살생과 무소유를 주장하며
나체주의를 택한 자이나교의 마하비라상.
적나라한 성기와 가슴의 다이아몬드 문양이
특징이다

농경문화는 정주(定住)를 하기 때문에 문화가 축적되는 것이 용이하다. 그래서 예의와 관련된 절차가 복잡해지며, 의복도 다양한 복장을 복합적으로 사용한다. 여기에 몸의 선이 옷 바깥으로 드러나는 것을 꺼리기 때문에, 옷은 품을 크게 입는 것을 원칙으로 한다. 조선시대 양반들은 외출시에 도포를 입었고, 승려들은 사찰에서 장삼을 입었다. 이런 옷들은 품이 큰 농경문화의 의복을 대변해 준다.

유목문화는 말을 타야 하므로 품이 큰 옷은 입을 수가 없다. 품이 클 경우 말을 타고 달리면 옷이 다 찢어지기 때문이다. 또 주거지를 계속해서 이동하기 때문에 길쌈 같은 일이 불가능하다. 그러므로 가죽옷을 재료로 해서 최대한 신체에 밀착해서 입는 문화가 발생한다. 그러다 보니 옷을 입어도 옷 밖으로 몸의 선이 그대로 노출되게 된다.

우리가 요즘 입는 옷은 옷을 입고 있어도 그 사람의 몸매를 정확하게 알 수 있다. 이는 전통적인 한복문화와는 다른 서구의 유목문화 전통에 의한 것이다. 즉 양장(양복)인 것이다. 농경과 유목의 의복 차이는 '바깥으로 옷선만 보이느냐'와 '몸매가 노출되느냐'의 차이라고 이해하면 되겠다.

노출에 관대한 문화

인도의 주류는 아리안 족에 의한 유목문화에서 출발한다. 그러므로 몸의 선이 드러나는 것에 관대하다. 여기에 무더위라는 기후적인 조건은 자연스럽게 신체의 노출을 허용하게 한다.

인간이 사는 데 있어서 기본조건은 의식주다. 인도는 무덥기 때문에 옷과 주거에 있어서 자유롭다. 옷이나 집이 없어도 생존에 큰 문제가 없다. 여기에 2모작·3모작이 가능한 아열대의 조건은 음식에 대한 걱정도 없게 한다. 이러한 의식주의 특수성이 인도 수행문화의 기본적인 배경이 된다.

자이나교는 불교와 비슷한 시기에 발생한 인도종교인데, 철저한 무소유와 불살생에 강조점을 둔다. 자이나교의 신도 중 가장 유명한 사람인 마하트마 간디를 생각해 보면 되겠다. 자이나교는 길쌈 과정에서 살생이 필연적으로 발생할 수밖에 없고, 또 철저한 무소유에는 의복이 필요 없다고 본다. 그래서 나체주의의 수행을 표방하게 된다. 이를 공의파(空衣派), 즉 '하늘을 입은 사람들'이라고 한다. 사실 자이나교에도 백의파(白衣派)라고 해서 흰옷을 입는 수행파도 있다. 그러나 이들은 공의파에 비해서 완전한 무소유가 아니기 때문에 깨달음을 증득하기 어렵다. 옷을 벗어야 깨달음을 얻는다니, 이건 좀 우리 문화와는 확실히 다른 이질성이 느껴진다.

특히 수행자나 성직자가 나체라는 건, 우리 문화에서는 이해하기 힘든 곤혹스러움이다. 그러나 무더운 인도에는 그 이전에도 벗는 문화가 있었기 때문에 이것이 크게 이상하게 받아들여지지 않는다. 또 계속 입고 있다가 벗었을 때 몸에 눈길이 가지, 계속해서 벗고 있는 경우는 그 나름대로 노출에 안정(?)되어 있다. 마친 원숭이를 보고 야하다는 생각을 하지 않는 것과 같다고나 할까.

그런데 재미있는 것은 자이나교에서는 자이나상을 제작할 때도 성기가 노출된 나체상으로 만든다는 것이다. 자이나상은 일견 인도의 불상과 흡사하다. 다만 몇 가지 다른 점이 있다. 불상이 딱 붙는 밀착형의 속이 비치는 투명한 의복을 입고 있다면, 자이나상은 나체로 성기가 보인다. 또 머리 위의 일산(日傘)이 불상은 1개인데 반해서 3개의 삼중으로 되어 있다. 그리고 가슴의 명치에 불상은 만자가 새겨져 있는데 반해서 자이나상에는 다이아몬드 형상이 있다. 불교의 붓다에 해당하는 자이나교의 자이나는 깨달음을 얻는 과정에서 혹독한 고행을 한다. 이때 서서 명상했는데, 넝쿨이 몸을 감는 것도 모른 채 깊은 명상에 들었다고 한다. 그래서 자이나교상은 주로 입상으로 만들어지며, 몸에 넝쿨을 감은 것도 있다.

아무리 머리로는 이해한다고 해도 막상 나체의 자이나상을 보게 되면, 우리 정서와는 다르기 때문에 입가에 미소가 맺히는 것은 어쩔 수 없다. 그러므로 실례하지 않기 위해서는, 문화상대주의라는 관점에서 내면을 심하게 억눌러야만 한다.

너무 얇은 옷을 입고 있기 때문에 마치 벗은 것 같은 착각을 일으키게 하는
불상(아잔타 석굴). 성기 부위가 두둑하지만 노출되어 있지 않고,
무릎 아래의 선과 허리의 선이 옷을 입었다는 것을 말해준다.
초기의 불상은 성기 부분이 밋밋했으나 자이나교와의 시비 속에서
점차 불룩해지게 되는데, 이를 음마장상(陰馬藏相)이라고 한다.

넝쿨이 팔과 다리를 휘감고 있는
자이나상(엘로라 석굴). 분명한 성기
묘사를 확인할 수 있다.

● 누군가 '부처님이 왜 뱀을 잡고 있느냐?'고 물어서 웃음을 줬던 불상(아잔타 석굴). 그리스 원로원
복장 같은 드레이퍼리형 의복구조의 가사깃을 잡고 있는 모습을 조각한 것이다.

붓다의 노출 비판과 자이나교의 불교 비판

인도의 노출 수행문화는 자이나교에만 있는 것이 아니다. 힌두교의 시바 신을 믿는 시바파의 일부에서도 나체파가 존재한다. 다만 다른 점은 자이나교는 머리카락이 없지만, 힌두교는 머리카락이 길며 온몸에 재를 바르고 있다는 것이다.

의복에는 '신체의 보호'와 '타인에 대한 배려'라는 두 가지 속성이 존재한다. 그런데 자이나교는 이 중 신체의 보호만을 염두에 두기 때문에, 자신들은 괜찮으니 옷을 안 입어도 된다는 논리를 전개한다. 그러나 붓다는 타인에 대한 배려에 더 큰 의미를 둔다. 그래서 자이나교에 대해 '부끄러움도 모르는 이들'이라고 비판했다. 이에 반해서 자이나교는 불교에 대해 '무소유가 철저하지 못하다'고 비판했다.

그런데 흥미로운 것은 나체의 자이나상에 익숙한 자이나교도들 중에는 옷을 입은 불상을 보면서, 붓다는 성기가 있는지에 대해 시비를 거는 경우가 있었다는 것이다. 이 때문에 불상은 점차 그 부분의 옷이 불룩해지는 양상으로 변화된다. 지금 생각해 보면, 진짜 턱도 없는 자이나교의 비판이 불상 양식을 변화시키고 있다는 점이 재미있다.

포르노는
피뢰침
역할도 했다

● 카주라호의 미라 성형전을 묘사한 신전의 부조들. 중앙에 구강성교를 하는 조각을 비롯해
적나라한 성행위 모습이 살펴진다.

재 가 주 의 와 출 가 주 의

종교나 수행문화에는 전통적으로 결혼을 하는 재가주의와 독신으로 집단을 만드는 출가주의의 두 가지가 있다. 개신교와 천주교를 생각하면 되겠다. 인도 역시 바라문교(후일의 힌두교)라는 재가주의 종교가 있고, 불교나 자이나교 같은 출가주의 수행문화가 있다. 각 종교의 사원에 가 보면 확연한 차이가 눈에 띈다.

그 대표적인 것이 힌두교 사원에서 흔히 만나게 되는 가슴이 큰 여성상들이다. 이들은 때론 신의 부인, 또 때론 첩이나 무희이기도 하다. 여성상의 특징은 유두가 노출된 가슴이 무척 크고 탄탄하다는 것인데, 이는 인도인들의 여성에 대한 미적 선호도를 나타내준다.

현재 우리나라는 이전에 없던 서구의 노출문화가 강력한 영향력을 미치고 있다. 그런데 특이한 것은 서구에서는 가슴의 노출에는 관대하지만 하반신 노출은 엄격한 것에 비해, 우리는 가슴 노출은 불가한 반면 하반신 노출(하의실종)에는 너무나도 관용적이라는 것이다. 즉 인도인이 가슴에 집착한다면, 우리는 하체의 미에 꽂혀 있는 것이다.

남 근(男根)이 곧 신 인 인 도

힌두교의 재가주의는 당연히 성적인 부분에 대해서 개방적이다. 또 힌두교의 신들 역시 그리스·로마의 신들처럼 바람기가 다분하다. 그렇다 보니 성적인 측면을 긍정하다 못해 숭배하는 양상이 쉽게 확인되곤 한다.

가장 대표적인 것이 힌두교 최고의 신인 시바를 남성의 성기인 링가로 묘사하는 것이다. 남근숭배는 원시사회에서부터 있던 것으로, 우리에게도 선돌문화로 남아 있다. 성기는 다산과 풍요 및 부활 등을 상징하는데, 여성의 가슴과 연결되는 경우도 있다. 대표적인 것이 많은 가슴을 가지고 있는 그리스·로마신화의 아르테미스(다이아나) 여신상이다.

보통 남근숭배는 문화가 발전하면, 원초적인 공간 속에서만 제한적으로 잔존하는 것이 일반적이다. 그러나 힌두교에서는 노골적이며 우람한 모습으로 재탄생하는 기이한 모습을 보이게 된다. 시바 신은 우주의 최초 탄생에서 크기를 알 수 없는 거대한 남근과 함께 그 속에서 등장한다. 이것을 모신 것이 시바 신전 안의 핵심인 링가상이다. 그런데 더 충격적인 건 링가의 좌대는 여성 성기인 요니라는 것이다. 즉 남근이 여성 성기를 뚫고 결합되어 있는 형상이 바로 시바 신이다. 힌두교에서는 여기에 한 술 더 떠서 우유를 붓기까지 한다. 그리고 그 흐르는 우유를 성스러운 것으로 받아들인다. 천주교의 성수 개념에 상응하는 가치라고나 할까.

이와 같은 힌두교의 신앙 형태는 우리의 관점과는 사뭇 달라서 처음 보게 되면 웃음밖에 안 나오는데, 그것이 의미하는 것은 성적인 에너지를 통한 창조적 생산과 환희이다. 아무리 그래도 여성들이 링가에 머리를 대고 기원하는 모습을 보면, 이게 뭔가 하는 생각을 떨칠 수 없다. 또 어떻게 이와 같은 원시적인 종교 형태가 오늘날까지 버젓이 대세를 점하고 있는지도 이해하기 쉽지 않다.

천 년 전 의 포 르 노

노골적인 성적 표현과 관련해서 가장 당혹스러우면서도 재미있는 신전은 카주라호에 있다. 이곳에 위치한 약 천 년 전에 건축된 20여 기의 신전들은, 옥수수 모양의 첨탑(미나렛) 외관을 온통 포르노로 장식하고 있다. 인도에는 이미 4세기에 바츠야야나가 지었다는 체위(體位)의 성전인 성경(性經)『카마수트라(Kāmasutra)』가 있었다. 중국에도 이와 유사한 책으로『소녀경』이 있다. 이 책은 우리나라에서 1982년 청소년 추천도서로 지정되는 해프닝 속에서 일거에 유명세를 탄 것으로도 유명하다.

　　공자도『논어』「위령공」에서 "나는 여색을 좋아하듯이 덕을 좋아하는 이를 보지 못했다(吾未見好德如好色者也)."라고 하였으며, 「학이」에서는 "현명함을 존중하기를 여색과 바꾼다(賢賢易色)."라고 하였다. 또 고자는『맹자』「고자」상(上)에서 유명한 "식색이 성(食色性也)."이라는 말을 하고 있다. 즉 음식남녀가 곧 인간의 본성이라는 말이다.

● 카주라호의 환조에 가까운 고부조. 이런 자세가 과연 가능하기는 할까 하는 생각이 절로 든다.

●
서서 뒤로 성행위 하는
모습에 수간(獸姦)까지.
자세히 묘사된
성기표현이 흥미롭다.

아름다운 신전의 첨탑에 새겨진
지극히 인간적인 모습들.
이러한 양자를 조합해야겠다고
생각한 인도인들의 역발상에
절로 감탄이 나온다.

● 대단한 지경을 넘어서 대담하기까지 한 도전정신에, 두 손 역시 가만히 놀리지 않는 치밀함까지. 외설과 예술, 그리고 종교의 경계는 과연 존재하는지에 대한 철학적 물음까지도 환기시킨다.

● 시바신의 상징인 우람한 링가와 이를 경배하는 여성들(엘로라 석굴의 카일라사나트 사원 본당). 정점에 존경의 뜻으로 꽃을 올려놓은 것이 압권이다.

인간에게 있어서 성이 중요한 것은 누구나 인정하는 부분이다. 그러나 제아무리 그렇다하더라도 이를 신전에 노골적으로 돋을새김 하는 문화는 그 어디에도 없을 것이다. 링가와 같은 경우도 단순하게 상징화된 둥근 말뚝과 같기 때문에 그다지 성기 같다는 느낌이 안 든다. 그런데 카주라호의 고부조는 섹스와 관련된 체위를 적나라하게 나타내고 있다. 그것도 집단적이고 여럿이 등장하는 아크로바틱한 자세들이 그야말로 압권이다.

고대 이집트인들은 모든 것을 가진 완전한 신에게 무엇을 바쳐야 할까 궁리하다가, 향을 떠올리게 된다. 신이 전부를 가지고 있어도 향기는 좋아할 것이라는 판단에서였다. 이것이 인도를 거쳐 불교를 타고 동아시아로 전파된 향문화의 원류가 된다. 그런데 카주라호 사람들은 모든 것을 가진 신도 새로운 섹스는 좋아할 것이라고 판단했다. 인간이 좋아하는 것은 신도 좋아한다는 판단에서이다. 힌두교의 신들이 제우스처럼 여색을 밝힌다는 점에서 나름 흥미로운 논리 전개가 아닐 수 없다.

그런데 여기에는 더 진기한 의미가 존재한다. 신전은 높게 건축되기 때문에 벼락을 맞는 경우가 자주 있었다. 이는 평야지대에서 높게 건축되는 건축물로서는 어쩔 수 없는 것이다. 그런데 벼락의 주체가 신이라는 점에서, 카주라호 사람들은 신도 자기가 좋아하는 것에는 벼락을 치지 못할 것이라고 생각했다. 즉 신전의 외부를 장식하고 있는 섹스상들은 일종의 피뢰침이었던 것이다. 인도인들의 기발한 발상에 절로 무릎을 치게 되는 대목이 아닐 수 없다.

인도판
러브스토리,
타지마할

● 타지마할에는 좌우대칭의 식상한 구도를 넘어선 미의 완성이 존재한다. 또 타지마할엔 감동적인 스토리가 담겨 있어, 그 아름다움은 영원의 지평선을 넘어서고 있다.

사 랑 은 죽 음 을 넘 어 설 수 있 을 까 ?

70년대 영화 〈러브스토리〉는 뻔할 것 같은 신데렐라 스토리에 『로미오와 줄리엣』의 비극을 입힘으로써, 전 세계인을 감동시킨 동시에 파산 위기의 파라마운트사를 한 방에 기사회생시켰다. 러브스토리의 OST와 지금 보면 조금은 유치한 듯한 눈싸움 장면은, 오늘날까지도 기성세대들에게 진한 감동의 여운으로 남아 있을 정도이다.

이와는 조금 다르지만 1995년에 개봉하여, 일본 영화로는 우리나라에서 이례적인 공전의 히트를 기록한 것으로 〈러브레터〉가 있다. 그 당시 죽은 연인을 그리워하며, 여주인공이 오타루 설원에서 외친 "오겡끼데스까(잘 지내고 계시죠)?"라는 대사는 한 시대를 풍미하는 유행어가 되기도 했다.

그런데 이와 비견될 수 있는 사랑이 인도에도 있다. 그것도 사랑의 주체가 모든 것을 가진 황제라는 점에서, 영화와는 비교할 수 없는 잔잔한 감동을 선사한다. 모든 여성을 가졌지만, 한 여인을 사랑한 황제의 이야기. 이것을 간직한 유적이 바로 타지마할이다.

결 혼 생 활 1 9 년 간 1 4 번 의 임 신

'중국' 하면 만리장성이 떠오르는 것처럼, 인도를 대표하는 '문화유산'

● 이슬람은 사막이라는 더운 지역을 배경으로 하기 때문에 그들의 천국에는 시원한 연못이 있다.
이 때문에 타지마할의 앞쪽에도 중앙 연못이 위치하고 있는 것이다.

하면 단연 타지마할이다. 그런데 타지마할의 아름다움은 눈부신 흰색의 대리석 속 아라베스크 무늬와 유려한 선의 이국적인 돔 양식에만 있는 것이 아니다. 그곳에는 황제의 사랑과 낭만, 그리고 비극이 서려 있다.

무굴제국(1526~1857)은 인도를 지배한 최후의 이슬람 왕조이다. 이 무굴제국의 전성기에 5대 황제 샤 자한(1592~1666)이 있다. 샤 자한은 '세계의 용맹한 왕(샤 자한 바하두르)'이라는 뜻으로, 1617년 데칸고원의 전투에서 승리하자 붙여진 별칭이다. 마치 마하트마 간디에서 마하트마가 '위대한 영혼(의 소유자)'라는 존칭인 것처럼 말이다.

샤 자한은 15세 때, 당시 14세이던 페르시아계 권력자 가문의 딸 뭄타즈 마할(1593~1631)과 정혼하고 1612년 결혼한다. 그런데 특징적인 것은 이들이 이후 19년간의 결혼생활을 하면서, 14명의 아이를 임신한다는 점이다. 영국이 전성기 때 해가지지 않는 나라였다면, 뭄타즈 마할은 배가 꺼지지 않는 결혼생활을 했던 것이다.

더구나 샤 자한은 황제며, 무슬림이었기 때문에 여러 부인들이 더 있었다. 그런데도 뭄타즈 마할에 대한 사랑이 20년이 넘도록 각별했다는 것은, 세계의 어떤 황제에게서도 보기 힘든 모습이다. 여기에 샤 자한은 죽을 때까지도 타지마할을 보면서 뭄타즈 마할을 그리워했다고 하니, 황제의 전 생애가 오직 한 여인에게 묶여 있었다고 해도 과언이 아니다.

젊은 여성을 사랑하는 것은 이해가 가지만, 아이를 10명 이상

낳은 중년의 여성을 사랑하는 황제를 어떻게 이해해야 될까? 이 부분과 관련해서 주목되는 전승이 있는데, 뭄타즈 마할이 미녀가 아니었다는 기록이다. 뭄타즈 마할은 최고의 미인이라기보다는 왕의 마음을 잘 아는 총명한 여성이었다. 이 점이 황제에게 많은 여성들이 있었음에도 불구하고, 한 여성에게만 시선을 집중할 수 있었던 진정한 이유였으리라. 마치 『아라비안나이트』(천일야화)의 세헤라자데처럼, 그녀에게는 끊임없이 변화하는 새로움이라는 매력이 있었던 것이다.

　　뭄타즈 마할은 '황궁의 보석'이라는 뜻으로, 샤 자한이 내려준 부인에 대한 찬사이다. 진정한 황궁의 보석은 그렇게 세월에도 스러지지 않는 찬란한 아름다움을 가지고 있는 것이다.

마할의 무덤이 바라다 보이는 붉은 성

무굴제국의 황위 계승은 장남에게 물려주는 것이 아니라, 전공을 많이 세운 아들에게 돌아갔다. 그래서 샤 자한 역시 어린 시절부터 정복 군주의 면모를 보인다. 이것은 성군의 자질 중 하나였지만, 14번째 임신한 뭄타즈 마할을 대동하고 나간 데칸고원의 원정길에서는 부인을 잃는 비극의 결과를 낳고 만다. 임신한 여성에게 전쟁터, 그리고 그곳에서의 출산이란 무척 힘든 환경이었을 것이다.

　　사랑하는 만큼 죄의식도 강렬했던지, 샤 자한은 이후 식음을

● **위** 타지마할에 새겨진 꽃 장식. 샤 자한은 영원히 시들지 않는 꽃을 아내에게 바친 것이다.

● **아래** 샤 자한이 유폐된 아그라의 붉은 성에서 바라다 보이는 타지마할. 잡힐 듯 잡히지 않는 이들의 사랑을 말해주는 듯하다.

전폐하고 슬퍼하다가 결국 머리카락이 하얗게 새기까지 했다고 한다. 그리고는 죽은 아내의 부활을 꿈꾸며, 1632년부터 1653년까지 총 22년간 제국의 모든 역량을 동원해서 만든 것이, 바로 '마할의 무덤' 즉 타지마할이다.

그러나 과도한 건축은 국가재정을 위태롭게 하였고, 결국 샤자한은 3남인 아우랑제부에 의해 강 건너로 타지마할이 바라다 보이는 붉은 성에 유폐되고 만다. 보이지만 만져지지는 않는 그곳에 뭄타즈 마할은 있었던 것이다.

권력의 인생이란 서글픈 것이다. 열넷의 자녀를 낳았지만 그중 여덟을 어린 시절에 잃었고, 부인은 열넷째 아이를 낳다가 죽는다. 또 남은 자식들도 아우랑제브와의 권력 투쟁에서 일부가 죽고, 아우랑제브는 평생 자신이 유폐한 아버지 샤 자한을 찾지 않았다. 그래도 샤자한은 죽은 후에는 뭄타지 마할의 곁에 묻혔으니, 이것이 마지막 위안이라고 할 수 있을까!

불교와 히틀러,
우만자(卐)와
좌만자(卍)의
진실

● 난디 신전에 그려져 있는 만자들. 우만자와 좌만자가 뒤섞여 있는 모습을 확인해 볼 수 있다.

히틀러는 본래 오스트리아의 미술학도였다. 빈의 미대에 진학하려고
했지만 2번이나 떨어졌다. 그 뒤에 나치당의 전신인 독일노동당에 가
입해서, 놀라운 연설 실력으로 집권당을 만들어 정권을 장악한다. 그
래서 사람들은 '히틀러가 미대에 합격했으면 세계의 역사는 어떻게 되
었을까?'를 이야기하곤 한다. 그런데 흥미로운 것은 나치당을 상징하
는 마크인 하켄크로이츠(Hakenkreuz, 卐)가 불교의 '만(卍)' 자와 비슷한
문양이라는 것이다. 이 마크는 히틀러가 스스로 그려서 사용한 것이라
고 『나의 투쟁』은 적고 있다. 1920년 나치당의 창당과정에서부터 히
틀러가 패망하는 1945년까지 사용되었다. 그런데 왜 불교의 만자가
수천 년을 넘어서 히틀러에게서 나타나는 것일까?

사실 길상을 상징하는 만자 스바스티카(śrīvatsalakṣaṇa)는 불교의 전유
물이 아니다. 만자는 태양을 상징하는 정십자와 그 광휘를 나타내는
바람개비와 같은 것이 결합된 것으로, 태양숭배와 관련된 아리안 족
마크이다. 그러므로 바람개비의 방향은 별 관계가 없으며, 때론 정십
자 역시 만자와 마찬가지로 아리안의 마크로 사용된다. 기독교가 십자
가를 상징으로 고착시키는 데는 선행한 아리안의 정십자 문화의 영향
도 한 배경으로 작용했다. 즉 아리안의 마크는 생각보다 여러 곳에 얽
혀 있는 것이다.

　　　아리안 족은 고대 코카서스 지방에서 발원한 유목민이다. 동

쪽으로는 인도로 들어가 인도아리안이 되고, 남쪽으로는 중동으로 가 이란아리안이 되며, 서쪽으로는 그리스와 게르만 및 프랑스까지 포함 되는 유럽아리안이 된다. 인도·유럽어족이라고 하는 개념은 이러한 동일민족의 영향에 의한 것이다. 이들 아리안들은 각각 인류 역사에 서 특기할 만한 문화를 이룩하게 되는데, 그것은 '불교'와 '페르시아' 그리고 '희랍문명'이다. 이렇게 놓고 본다면, 의외로 아리안은 무척 강 렬하면서도 우리의 인식 속에 가까이 있는 존재라는 것을 알 수 있다.

히틀러는 민족적인 결집을 위해서 '아리안의 영광'을 제창했 다. 실제로 이 과정에서 순수 아리안을 찾기 위한 노력도 기울였는데, 이러한 내용을 그린 작품이 게오르규의 『25시』이다. 즉 히틀러는 아리 안의 마크를 통해서 독일인을 단합하고 결집시키고자 한 것이며, 그 근저에는 아리안 족 문화가 존재하고 있는 것이다.

불교와 히틀러, 어떤 것이 맞을까?

현재 아리안의 문화를 가장 많이 보존하고 있는 것은 인도이다. 그래 서 힌두교나 자이나교 사원에서 만자를 보는 것은 그리 어렵지 않다. 그런데 이런 만자는 히틀러와 같은 우만자(卐)이다. 우만자란 만자의 바람개비 방향이 오른쪽으로 나 있는 것을 말하며, 반대로 된 것을 좌 만자라고 한다. 동아시아의 불교 상징으로 받아들여지는 만자가 바로

- **위** 붓다의 열반지인 쿠시나가르 길목, 무덤에 그려진 우만자. 인도에서 만자는 심심치 않게 볼 수 있는데, 이처럼 점이 박힌 형태도 있다.
- **아래** 독일 조계지였던 시절 시작된 청도맥주. 좌만자의 흔적이 고스란히 남아있다.

좌만자(卍)이다.

그렇다면 두 가지 만자 중 어떤 것이 더 정통일까? 물론 만자는 두 가지 모두가 사용되었다. 그러나 아리안 족이 선호한 것은 불교의 좌만자가 아닌 히틀러와 같은 우만자였다. 즉 만자에 있어서 동아시아 불교는 사짜인 것이다.

어떻게 이런 일이 가능할까? 이것은 중국문화의 좌측을 높이는 측면 때문이다. 아리안의 유목문화는 우측을 중심으로 하는 반면, 중국의 농경문화는 좌측을 우선시한다. 그렇기 때문에 좌의정과 우의정 중 좌의정이 높고, 한자식 표현 역시 '좌우'가 된다. 이처럼 좌가 우보다 우선한다. 즉 인도불교라는 우측문화가 중국으로 이식되면서, 중국의 좌측문화와 충돌하는 과정에서 좌우가 바뀌게 된다. 불교의 효율적인 전파만 가능하다면, 좌우의 변화쯤은 상관없다는 불교의 목적주의가 만자의 방향을 바꾸는 것을 용인한 것이다.

실제로 한자 만자는 불교의 스바스티카를 표현하기 위해서, 당나라 측천무후시대인 693년에 만들어진 특수한자이다. 이때 만이라고 한 것은 '만덕을 총괄하는 길상'이나 '길상의 회오리'라는 의미로, '행운의 총체'라는 뜻을 포함한다. 그런데 중국인들에게 있어서 길함이란, 우가 아닌 좌 속에 있었던 것이다.

인도인들은 좌우가 가장 극명하게 갈리는 문화를 가지고 있다. 이는 밥 먹는 오른손과 뒷일을 처리하는 왼손의 철저한 역할 분리 때문이다. 아무래도 별도의 도구를 사용하지 않는 문화에서 이 두 가지 역할을 같은 손으로 처리한다는 것은 무리였을 것이다. 또 태양숭배와 관련해서 인도인들은 해가 동에서 떠서 서로 지는 것을 시계방향, 즉 오른쪽 방향으로 인식했다. 그러므로 인도는 언제나 우측중심의 문화가 작용하게 된다. 그래서 인도인들은 인사도 오른손을 들어서 한다.

　　인도의 우측문화는 보다 근원적으로는 유목문화의 오른쪽 숭배문화 속에 포함된다. 그렇다보니, 오늘날 악수를 할 때도 인사하는 손은 언제나 오른손이다. 또 서구의 영향에 의한 한글표현은 한문의 '좌우'와는 순서가 바뀌어 '오른쪽 왼쪽'이 된다. 이는 인도·유럽문화의 오른쪽 중심문화를 잘 나타내준다. 즉 인도·유럽은 오른쪽 중심이며 동아시아는 좌측 우선인 것이다. 이러한 두 문화의 혼재 속에서 우리는 한자로는 '좌우'라고 하면서 우리말로는 '오른쪽 왼쪽'이라고 하는 이중의 혼란구조를 보이고 있다. 이렇게 놓고 본다면, '이제는 불교의 좌만을 우만으로 되돌리는 것도 가능한 것이 아닐까?' 하는 생각도 해보게 된다.

인도에 위치한
예수의 제자
도마의 무덤

● 첸나이 도마성당의 예수상. 연화좌와 그 좌우에 인도의 국조인 공작이 자리하고 있는 것이
인상적이다.

세계의 성당 중에는 예수의 12제자 무덤 위에 건립되었다고 주장되는 곳이 있다. 대표적인 것이 로마 바티칸의 베드로성당이다. 이는 초대 교황이기도 한 베드로의 무덤 위에 349년 콘스탄티누스 황제에 의해서 건축이 시작되어, 1667년 베르니니가 천국의 열쇠를 상징하는 광장을 완성함으로써 마무리되는 세계 최대의 성당이다. 실제로 베드로성당 안에는 천국의 열쇠를 손에 쥐고 있는 베드로상이 모셔져 있는데, 발을 만지거나 키스하면 소원이 이루어진다는 속설 때문에 발가락이 완전히 뭉개져 있다.

이 외에도 두 곳이 더 있는데, 한 곳은 스페인의 수호성인 야곱(야고보)의 무덤 위에 건축된 카미노 데 산티아고의 산티아고 데 콤포스텔라성당이다. 그런데 다른 한 곳은 놀랍게도 동남인도의 첸나이에 위치해 있다. 이곳에는 1504년 포루투칼인에 의해서 도마 무덤 위에 세워진 도마(토메)성당이 있다. 도마는 예수의 부활을 믿지 못해, 옆구리의 창상과 손바닥의 못 자국을 확인하고서야 믿었다는 실증적인 인물이다. 인도는 인더스 문명시대부터 메소포타미아 문명과 무역교류를 했다. 그러므로 서인도라면 그럴 수도 있다고 하겠는데, 그곳이 동인도의 첸나이라는 점에서 이걸 과연 어떻게 받아들여야 할지 당황스럽기 그지없다.

이탈리아 베니스에 4대 복음서의 저자 중 한 명인 마가의 뼈를 모신 마가(마르코)성당과 마르코광장이 있는 것은 충분히 가능하다. 한때 베니스는 자본의 중심이었으니까 마가의 뼈를 구해 올 수도 있는 것 아니겠는가? 그러나 터키 이스탄불의 톱카프 궁전에 모셔져 있는 세례요한의 손뼈와 모세의 나무지팡이는 좀 도가 지나친 것 같다. 백 보 양보해서 요한의 뼈는 그렇다고 하자. 그러나 모세의 나무지팡이는 아무리 긍정적으로 생각해도 이건 아닌 것 같다. 금속제의 지팡이라면 그럴 수도 있겠다 싶다. 그러나 모세시대가 언제인데 나무지팡이가 보존되어 있다는 말인가? 사실 첸나이의 도마성당 역시 비슷한 느낌이다. 하기야 인도에는 예수의 무덤까지 있다고 하니, 이에 비하면 도마 무덤은 양반이 아닐까?

연꽃 위의 예수상

활짝 핀 연꽃을 좌대로 사용하는 것은 동아시아에서는 불교의 전매특허이다. 포항공대 교수였던 박이문이 『동서의 만남』에서, "예수는 십자가에 손발이 못 박혀 축 늘어진 채 피 흘리고 있지만, 붓다는 연꽃 위(연화좌)에 앉아 토실토실한 미소를 감추지 못한다"고 한 것은 이것을 잘 나타내고 있다. 그런데 도마성당의 예수상은 팔을 벌린 채 연화좌를 발판으로 해서 모셔져 있는 특이한 구성방식을 취하고 있는 것이 아닌가?

연꽃은 인도가 원산지로, 진흙이라는 더러움 속에서 오염되지 않는 청정성은 초월적인 정신을 상징하기에 좋다. 그래서인지 연꽃 문양은 인도에서는 그리 낯설지 않다. 그런데 이 연화좌가 예수상의 발판으로까지 등장한 것이다. 과연 인도인답다는 말밖에는 나오지 않는 순간이다. 여기에 연꽃받침의 좌우로 인도의 국조인 공작까지 쌍으로 배치되어 있다. 흔히 중국에는 어떤 외래문화도 살아남지 못한다고 해서 중국을 가리켜 문화의 용광로라고 하는데, 인도도 이에 진배없다는 생각을 하게 되는 대목이다.

맨발의 존숭문화

인도의 더운 기후는 맨발문화를 만들었다. 이는 신발이 보편화된 오늘날까지도, 인도와 동남아시아에서 존숭의 대상 앞에서는 신발을 벗는 것이 일반화되어 남아 있다. 즉 우리가 사찰의 대웅전에 들어갈 때 반드시 양말을 신는 것과는 정반대의 존중문화가 인도에 존재하는 것이다.

첸나이(마드라스)는 17세기에 영국의 동인도회사가 무역거점으로 진출하여 대도시로 성장시킨 남인도의 최대 도시이다. 이 때문에 첸나이와 그 인근에는 적지 않은 천주교인들이 존재한다. 흔히 '인도' 하면 힌두교가 생각나지만, 이쪽 지방에서는 성당도 그리 어렵지 않게

도마성당에서 맨발로
기도를 드리고 있는 인도여성.
이들은 성당 문 밖에서
신발을 벗고 입장한다.

● 인도의 맨발문화는 발가락의 장식이라는 또 다른 섬세함으로 발전하게 된다.

볼 수 있는 일상의 풍경이다. 인도의 기독교인은 약 3% 정도인데 대부분 이쪽 지역에 밀집되어 있기 때문이다.

그런데 도마성당의 문 밖 한 쪽에는 가지런히 벗어놓고 들어간 천주교인들의 신발이 발견된다. 성당에 신발을 벗고 들어간다는 것이 무척이나 낯설지만, 인도인들은 그들의 방식대로 최대한의 존중을 표하고 있는 것이다. 우리가 인도의 불교를 받아들였음에도 양말을 신는 것으로 예를 표하는 것처럼, 인도인들 역시 맨발로 그들의 정성을 나타내고 있어 재미있다.

킹코브라에 앉아서 명상하는
불상(부다가야의 무찰린다 연못). 붓다께서
명상하는데 큰 비가 내리자, 무찰린다
용왕이 몸을 부풀려 머리를 가려줬다는
것에서 유래한다.

착각하기 쉬운
인도용과
중국용의 차이

인도는 적도 쪽에 위치하고 있기 때문에 우리의 지도 인식에 있어서는 상대적으로 작게 보이지만, 실제로는 소대륙급의 국가(329만km²)이다. 그렇기 때문에 토템과 관련해서도 많은 다양성들이 공존하게 된다. 이러한 문화의 다양성은 현대의 인도화폐에 공식문자만 16종류가 적혀 있는 것을 통해서도 단적으로 확인된다.

　　고대인도의 토템은 코끼리와 사자 그리고 킹코브라로 압축될 수 있다. 물론 이외에도 매나 코뿔소 또는 호랑이와 관련된 것도 있다. 그러나 호랑이는 동북인도의 벵갈지방에만 서식하는 분포지역의 제한성으로 대표적인 토템이 되지는 못했다. 또 매는 뱀을 잡아먹는 강자인 동시에 우아하고 멋진 존재이기는 해도, 인간에게 위협적이지 않다는 점에서 독립된 토템이 되지는 못한 것 같다. 이들 독립토템이 되지 못한 동물들은 시바 신이 호랑이 가죽을 깔고 히말라야의 카일라스 산에 앉아 있다는 설정이나 시바 신의 부인 중 한 명인 드루가 여신이 호랑이를 탄다는 것, 또 비쉬누 신이 매의 신격인 가루다(금시조)를 타고 다닌다는 정도의 비독립적인 제한된 상황 속에서만 존재할 뿐이다. 코뿔소는 코끼리·호랑이와 더불어 10루피 지폐의 뒷면에 도안되어 있기는 하지만, 위력적인 힘을 지니고는 있으나 지능이 낮고 인간에게 위협적인 부분이 적어서인지 역시 독립토템의 형성에는 실패하고 있다.

독립토템이 되는 사자나 코끼리가 위력적인 동시에 지능이 높다는 점을 생각한다면, 토템이 되기 위한 조건은 단순히 강력한 위력만은 아니라는 것을 알 수 있다. 그런데 킹코브라는 강력함과 인간에 대한 위협만으로 가장 견고한 토템을 구축하고 있어 주목된다. 독사는 인간과 서식환경이 겹치는 동물로, 오늘날까지 인간의 생명을 가장 많이 빼앗는 동물이다. 독사보다 위협적인 존재는 곤충인 모기가 있을 뿐이다.

킹코브라에 기반한 나가토템

독사는 인간이 미리 대처하기가 어렵고 순간적으로 사건이 발생한다는 점에서 치명적이다. 특히 아열대기후인 인도에서 독사에 의한 피해는 매우 크다. 킹코브라는 맹독의 코브라 중에서도 최고의 위력을 가진 독사이다. 일반적으로 뱀은 아나콘다나 보아뱀처럼 크기가 클 경우에는 독이 없고, 독이 있을 경우에는 크기가 작다.

그러나 킹코브라는 우리나라 구렁이만 한 덩치에 강력한 독을 가지고 있다. 이런 킹코브라가 고대인도에서 얼마나 인간에게 위협적이었는지는 달리 설명할 필요가 없을 것이다. 그래서 합리주의자인 붓다 또한 오독주(五毒呪)라고 해서, 독을 없애는 데 효과가 있다는 민간주문만은 승단에서도 용인했을 정도이다. 물론 이런 민간요법

법당의 대들보 위로 얼굴을 빠끔히
내밀고 있는 용(전등사 대웅전).
여의주를 혀끝에 가지고 있는
모습이 해학적이다.

● 선운사 대웅보전 천장에 그려진 운룡도. 선운사 대웅보전에는 많은 용이 그려져 있는 것으로
유명하다.

인 주문 따위가 독을 해독할 이치는 없다. 다만 이것을 통해서 죽어가는 사람이 당시의 관습에 따라 심리적인 안정을 얻는 데는 도움이 되었을 것이다.

붓다마저도 자신의 노선을 수용해서 주문을 허용할 정도이니, 고대인도의 독사 피해는 엄청나다는 것을 알 수 있다. 바로 이것에 비례해서 킹코브라 즉 나가토템이 만들어지게 된다.

나가족은 인도신화에서는 마신족인 아수라와 함께 지상의 악과 분노를 대표하는 존재로, 그 위신력이 때로는 신에 버금갈 정도이다. 이 나가가 불교를 타고 중국으로 전해지면서, 번역어로서 동아시아 전통의 용이라는 글자를 선택하게 된다. 왜 나가가 하필 용으로 번역되었는지는 알 수가 없다. 다만 양자 모두 뱀과 무관하지 않으며, 물신[水神]의 성향을 가졌기 때문으로 추정된다. 그러나 중국용의 성스러움과 인도용이라는 분노의 모습은 분명 다른 것이다. 그러므로 양자의 구분을 명확히 해서 보다 엄격하게 구분해야, 동아시아문화에서 나타나는 혼란을 줄일 수 있다.

중 국 용 의   완 성

인도도 크지만 중국(960만km²)은 인도보다도 거의 3배 정도나 커서 면적이 유럽대륙(1,018만km²)에 필적할 정도이다. 그렇다보니 중국 역시 지역에 따른 다양한 토템들이 공존하게 된다. 그런데 중국은 춘추전국 시대를 지나면서 인문화되고 이 과정에서 신화적인 요소들이 걷히게 되면서, 용이라는 단일 카테고리를 중심으로 모든 토템이 결집되는 양상을 보이게 된다. 이것을 소위 용생구자(龍生九子), 즉 '용에 포함되는 9가지 고대토템'이라고 한다.

중국용의 시작은 인도용의 킹코브라처럼 구체적이지 않다. 다만 문명의 여명기에 탄생한 물고기토템과 뱀토템에 돼지와 사슴 등의 동물들이 결합된 복합적인 존재로 이해된다. 즉 인도용이 킹코브라라는 위력적인 동물이 토템화되는 과정에서 확대·발전된 경우라면, 중국용은 여러 다양성들이 융합되는 과정에서 완성되는 성스러운 극기(克己)의 동물인 것이다.

그래서 인도용은 용족이라는 관점에서 혈연으로 용이 되고 있는 반면, 중국용은 특정한 동물이 용이 되는 것이 아니라 등용문의 전설처럼 물고기나 동물이 극기를 통해서 용으로 재탄생하는 구조를 확보하고 있다. 또 이러한 극기의 구조는 모든 중국용이 지난한 노력의 결과로 성스러운 대상이라는 인식을 확보하게 되고, 결국 군주를 상징하는 수단으로 용이 사용되는 양상을 파생하게 된다. 이는 인도용이 악과 분노조절을 못하는 동물로 나타나는 것과는 완전히 다른 인식이다. 즉 인도용과 중국용은 기원과 이해가 완전히 다르다는 말이다.

중국용은 한마디로 승천의 용이다. 그래서 『주역』 「건괘(乾卦)」 9·5효의 '비룡재천(飛龍在天)', 즉 나는 용이 하늘에 있다는 말에 착안

하여 세종이 「용비어천가」를 짓게 되는 것이다. 그러나 인도용은 용궁의 용이다. 즉 『별주부전』이나 『심청전』, 『서유기』 등에 등장하는 용왕은 모두가 인도용인 것이다.

　　두 문화권의 서로 다른 용이 결합되면서, 용은 승천했다가 용궁으로 번지점프를 해서 들어가는 웃지 못할 상황이 연출된다. 이는 두 문화권의 용에 대한 이해가 왜 필요한지를 잘 말해주고 있다. 또 이 두 용이 동아시아의 중국문화권에서는 서로 섞이면서 발전했다는 점에서, 양자를 분별하고 통합해 볼 수 있는 안목은 인도와 중국이라는 아시아를 대표하는 두 문화권을 이해하는 매우 중요한 기초가 된다.

아소카 왕과
산치대탑,
그 거부하기
힘든 유혹

● 전 인도를 최초로 통일한 마우리아의 아소카 왕이 자신을 사랑했던 여인을 위해서 건립한
산치대탑. 비극이 종교를 만나면 때론 아름다움으로 승화되기도 한다.

성지순례의 계륵(鷄肋), 산치대탑

인도성지순례 일정을 잡다보면 언제나 '가야 하나, 말아야 하나'를 고민하게 만드는 곳이 바로 산치이다. 산치는 붓다의 유적지로부터 제법 떨어진 서남쪽에 위치해 있기 때문에, 이곳을 보기 위해서는 하루를 더 투자해야 하기 때문이다. 즉 산치는 계륵과 같은 존재인 것이다.

고사성어에서 나오는 계륵은 조조에 의해서 결국 버려진다. 그러나 산치에는 전 인도를 최초로 통일한 아소카 왕이 조성을 시작한 최대의 탑 산치대탑이 있다. 산치에는 현재 총 3기의 탑이 남아 있는데, 이 중 제일 규모가 큰 제1탑은 높이가 16.5m에 직경이 73m나 되는 말 그대로 대탑이다. 또 여기에는 이슬람의 타지마할에 필적하는 불교판 사랑이야기가 새겨져 있어 순례자의 발걸음을 붙잡는 묘한 매력이 있다.

왕자를 사랑한 여인과 아소카 왕의 전생

아소카는 부왕인 빈두사라의 101명의 왕자 중 한 명이다. 〈101마리 달마시안〉 영화를 떠올리게 하는 무지막지한 대위업은, 더욱이 딸을 제외한 숫자라는 점에서 듣는 사람을 경악하게 만든다.

그런데 젊은 시절 아소카는 산치에 총독으로 부임한 적이 있다.

총독이면 높은 지위이지만, 왕자에게 수도인 파탈리푸트라로부터 멀리 떨어진 산치로의 발령은 결코 유쾌한 상황일 수 없다. 이런 상황에서 방황하던 아소카는 자신을 사랑해주는 운명의 여인을 만나게 된다.

아소카는 용모가 추하고 성격이 좋지 않았다. 그래서 왕자임에도 여성들이 싫어했는데, 산치에서 마침내 진심으로 자신을 사랑해주는 여인을 만나게 된다. 그리고 그 결실로 두 사람 사이에는 마힌다와 상가미타라는 남매가 태어나기에 이른다.

그러다가 총독 임기가 끝나게 되자, 아소카는 '다시 돌아와서 데리고 가겠다'는 약속과 함께 수도인 파탈리푸트라도 돌아가게 된다. 그러나 수도로 돌아간 아소카는 산치에서의 일을 잊어버리게 되고, 부왕이 사망하는 과정에서 정권을 장악해 보위에 오른다. 왕이 된 아소카는 자신의 동복동생 1명만 남긴 채 99명의 형제를 제거한 후, 정복전쟁에 돌입해 전 인도를 최초로 통일하는 대위업을 달성하게 된다.

아소카가 제국을 통일한 시점에서, 아소카의 이야기는 이때 우연찮게도 붓다의 사리탑이 발견되었다는 감동적인 인생의 제2막을 기록하고 있다. 이 보고를 받은 아소카 왕은 붓다의 사리탑에 무엇이 있나 궁금해서, 군대를 동원해 불탑을 헐라고 지시한다. 이 과정에서 아소카 왕의 전생이 새겨진 금판이 발견된다. 그 금판에는 붓다시대에 생존했던 아소카 왕의 전생이야기가 기록되어 있었다.

전생의 아소카는 친구와 함께 소꿉장난을 하면서 모래를 쌀로 여기며 놀고 있었는데, 마침 우연히 지나가던 붓다를 보게 된다. 이

때 아소카는 붓다의 거룩한 모습에 감화되어 어린아이의 마음으로 쌀이라고 생각하던 모래를 공양하게 된다. 붓다는 시자(아난)에게 그 정성스러운 공양을 받아서 평소 당신께서 명상하던 곳에 뿌리라고 지시한 후, 이 아이가 붓다가 열반에 들고 난 후 200년 뒤에 전 인도를 통일하는 대제왕이 될 것임을 예언한다. 그러나 모래를 보시하고 얻은 복이기 때문에 인물이 추하고 성격이 난폭할 것이라는 얘기도 부가하고 있다.

이 기록을 본 아소카 왕은 자신이 이룩한 대위업이 붓다에 의한 가피일 뿐이라는 것을 알게 되어, 거대한 충격 속에서 불교로 귀의하게 된다. 이후 아소카는 자비와 복지의 왕으로 성격이 180도 바뀌게 되어, 동물병원을 세우고 가로수와 우물을 정비하는 등 헌신적인 실천행으로 일생을 마감한다. 그 결과 중국의 진시황 같던 아소카는 오늘날 인도의 전 국민에게 추앙받는 위대한 왕으로 거듭나게 된다. 그로 인하여 아소카 왕이 붓다를 기념하기 위해서 만든 사르나트의 석주는 인도의 국장이 되어 모든 화폐와 공문서에 새겨지기에 이른다.

또 아소카 왕은 붓다의 탑을 열어서 전국 방방곡곡에 불탑을 건립하고, 모든 붓다의 유적을 순례하며 기념물을 건립하게 된다. 또 무역하는 나라들에는 불교를 믿으라는 전도의 사신[法大官]을 파견하는 열정을 보인다. 불교가 세계종교의 초석을 다지게 되는 것은 모두가 아소카 왕이 세운 대제국인 마우리아왕조의 전폭적인 지원에 의해서 이루어진다. 아소카를 제왕으로 만든 것이 붓다의 권능이라면, 불

● 산치대탑의 문인 토라나를 배경으로 한 대탑. 문 조각의 정교함과 스토리는 산치를 찾는 또 다른 즐거움이다.

교를 세계종교로 확대한 것은 아소카왕의 온당한 갚음이라고 하겠다.

산치대탑의 건립과 스리랑카의 불교전래

아소카가 불교로 귀의한 뒤에, 산치에서 태어난 남매인 마힌다와 상가미타가 왕을 찾아오게 된다. 그러나 아소카의 엄마에 대한 물음에 돌아온 대답은, 아버지의 약속을 믿고 어머니는 매일같이 동구 밖에 나가서 기다리다가 죽었다는 비극적인 사연일 뿐이었다. 이 이야기를 들은 아소카는 황제로서도 어찌하지 못하는 죽음을 슬퍼하며, 자신을 사랑해준 산치의 여인을 위해서 붓다의 사리를 모신 거대한 탑을 조성하게 된다. 이것이 바로 오늘날 산치대탑의 시원이 된 것이다.

또 마힌다와 상가미타 남매는 출가하여 스리랑카 불교의 전파자가 된다. 인도와 가까운 스리랑카는 이웃나라 중에서 비중이 가장 컸기 때문에, 황제의 자녀가 직접 교화의 주체로 가게 된 것이다.

산치대탑은 오늘도 비극적인 사랑을 넘어서 우뚝 솟아 있다. 사랑의 결말은 희극보다도 비극이 깊은 여운을 남기는 법이다. 이런 점에서 산치대탑은 조조에게 버림받은 한중(漢中) 땅의 계륵과는 다르다. 대탑만으로 유네스코세계문화유산이 된다는 것은, 산치대탑의 묵직한 무게비중을 잘 나타내준다. 이 점이 계륵과는 달리 성지순례 코스와 관련하여 산치가 계속해서 딜레마를 주게 되는 이유인 것이다.

지구촌에서 우리와
가장 멀리 있는 문화권,
인도. 그러나 우리
전통문화를 대표하는 건
'메이드 인 인디아'
불교이다. 우리는
붓다가 인도인이라는 걸
머리로는 기억하지만
가슴으로는 망각한 지
오래이다. 인도문화를
통해 불교를 바른
시각으로 보는 방법,
그 열쇠가 바로 이곳에
있다. '틀림'이 아닌
'다름'의 시선만
갖춘다면, 불교는 훨씬
신선하게 다가온다.

에피소드 불교

2

인도문화의 세계적인 히트상품은 단연 불교이다. 또 동아시아는 천년 이상 불교문화가 꽃핀 붓다와 연꽃의 세계였다. 그럼에도 불구하고 오늘날 인도의 불교는 멀고 요원하기만 하다. 종교는 근본의 오리지널에 대한 추구가 강하게 존재한다. 그런데 왜 동아시아인들은 인도불교에 대한 관심을 꺼버린 것일까? 이와 관련해서 우리는 소위 중화주의로 불리는, 중국문화의 강력한 자신감을 생각해 볼 수 있다. 당나라 초기에 인도의 선진 불교를 배우기 위해서, 인도구법여행이라는

대장정을 단행한 인물이 바로 현장이다. 그런데 현장이 인도에서 가지고온 경전들은 중국어로 번역된 뒤에는 중국인의 관심에서 완전히 사라진다. 오늘날의 학문연구에서 원전에 대한 이해가 가장 중요하다는 점을 생각한다면, 중국인의 지나칠 정도의 자신감에 우리는 놀라지 않을 수 없다. 단적으로 루터가 라틴어 『성서』를 독일어로 번역한 것이 1522년이라는 점을 고려한다면, 중국인들의 '원전을 넘어선 중국어' 라는 인식은 실로 뿌리 깊은 것이다. 이와 함께 선상 역시 동아시아인의

모습으로 신속하게 변모한다.
덕분에 우리는 억지로 환기하지
않으면, 붓다가 인도인이라는 사실을
잊어버리곤 한다. 또 해인사의
팔만대장경처럼 수많은 한문경전들
속에서, 붓다에게는 사실 한자가
완전히 생경한 문자라는 사실도
묻혀버린다. 그러나 제아무리
동아시아적으로 변모했다 하더라도,
붓다는 인도인일 뿐이다. 이는
불교가 인도문화를 기반으로 한다는
당연한 사실을 환기시키게 된다.
특히 불교는 본토인 인도에서는 그
본류가 사라졌다. 인도불교사에서는
이 시점을 비크라마실라 사원이
이슬람군대에 의해서 파괴되는
1203년으로 잡고 있다. 즉 종가집은
몰락하고 방계만이 남은 형국인
것이다. 이러한 상황은 인도불교의
정확한 이해에 많은 걸림돌이 된다.
그러므로 불교에 대한 보다 분명한
이해를 위해서, 경전과 더불어
문화적인 접근이 요청되는 것이다.
인도문화적인 흐름을 타고 불교에
접근한다면, 자연스럽게 '아하!
이래서 그랬구나!' 하고 무릎을
치게 되기 때문이다. 그러면 왜곡의
그림자들은 언제 그랬냐는 듯,
자연스레 사라지게 될 것이다.

길거리 캐스팅의 시작, 말리 부인

● 쿠시나가르 열반당 안에 모셔진 열반상. 아래쪽 기단에 팔을 짚고 슬픔을 가누지 못하는 말리 부인의 모습이 부조되어 있다.

붓다 당시 코살라 국의 사위성은, 마가다 국의 왕사성과 더불어 인도 최고의 번영을 구가하던 도시였다. 또 사위성의 원어인 슈라바스티가 한문으로 번역되면서 '실라벌라'가 되고, 이것이 변화하여 우리의 '신라'와 '서라벌'의 기원이 되었다고 하니 우리와는 멀고도 가까운 곳이다.

이 사위성에 야야달(耶若達)이라는 바라문 계급의 큰 부자가 살고 있었다. 이 사람의 재산에 '말리꽃의 동산', 즉 말리동산이 있었다. 야야달은 이곳의 관리를 황두(黃頭)라는 젊은 여종에게 시켰다.

말리부인상의 정면 모습.
얼굴표정이 보이지 않아,
슬픔보다는 당당한
아름다움만이 느껴진다.

말리동산의 관리에는 꽃 장식을 만들어 제공하는 것도 있었다. 인도와 같이 무덥고 습기가 많은 지역은 꽃이 많은 동시에, 좋지 않은 냄새가 나는 일도 많다. 때문에 꽃목걸이나 꽃장식과 같은 장엄문화가 발전한다. 이것을 '만(鬘)'이라고 하는데, 황두는 이것을 잘 만들었기 때문에 '꽃 장식을 잘 만든다'는 의미의 '승만(勝鬘)'이라고 불렸다. 후일 황두가 낳은 딸의 이름이 승만인데, 이는 어머니의 재주가 딸에게 화려함으로 남은 것이다. 이 딸이 불교의 대표적인 여성경전인 『승만경』(승만이라는 여성의 경)의 주인공이 된다.

인 도 판 신 데 렐 라

황두는 총명하고 솜씨가 좋았다. 이런 사람이 신분제 사회에서 낮은 신분에 대한 갈등을 일으키는 것은 당연한 것이리라. 그래서 하루는 자신의 낮은 신분과 직업에 탄식하며, 어떻게 하면 변화를 줄 수 있을까를 고민하였다. 그러다가 우연히 음식공양을 위해서 나오신 붓다를 만나게 된다. 황두는 그 거룩한 자취에 감동하여, 자신이 먹기 위해서 가지고 가던 음식을 붓다께 올리며, 천한 신분에서 벗어나기를 기원한다. 그러자 붓다는 그녀를 깊이 축원해 주셨다.

그런데 얼마 지나지 않아, 코살라 국의 파사닉 왕이 사냥을 나왔다가 사냥감을 쫓는 중 무리에서 떨어져 말리동산으로 오게 된다.

아잔타 석굴 제26굴의
붓다 열반상에 새겨진,
오열하는 제자들의 모습.

● 나무와 꽃이 조화를 이룬 인도의 동산 풍경. 말리동산도 이와 같은 모습이었을 것이다.

왕이 더위에 지쳐 쉬고 있을 때, 황두가 다가와 연잎에 맑은 물을 떠다 드리며 시원한 그늘에서 안마를 해 주었다. 신데렐라가 적극적이었기 때문에 왕자를 만나 새로운 인생을 개척한 것처럼, 황두 역시 자기에게 찾아온 행운을 놓치지 않았던 것이다.

황두는 왕에게 선택되어 왕궁으로 들어가게 되고, 말리동산에서 만났다고 해서 말리 부인으로 불리게 된다. 이후 총명한 말리는 정비의 지위까지 오르게 되는데, 자신에게 다가온 우연과 같은 인연이 붓다께 공양을 올린 것 때문이라고 생각해서 붓다의 신실한 신도가 된다. 길거리 캐스팅도 우연만은 아니라는 것을 총명한 말리는 판단한 것이다. 인도의 신데렐라는 복(福)의 근원을 알고, 그것이 한 번의 우연으로 끝나지 않도록 노력했던 것이다.

말 리 부 인 의 슬 픔

쿠시나가르는 붓다가 열반한 장소이다. 이곳에 붓다의 열반을 기념하는 열반당과 열반상이 모셔져 있다. 그런데 그 열반상의 기단에는 슬퍼하는 말리 부인의 상이 조각되어 있다.

붓다에게 공덕을 심은 인연으로, 바로 그 날 길거리 캐스팅을 당해 왕비가 된 말리 부인. 자신이 그토록 의지한 정신적 그늘이 무너진 슬픔이었을까? 오열하고 있는 듯한 말리 부인의 자세는 붓다의 열반상과 어우러져서, 묘한 슬픔의 아우라를 발산하고 있다.

그런데 이 슬픔은 비단 붓다에 대한 슬픔만은 아니었다. 말리 부인을 선택한 파사닉 왕은 만년에, 아들인 비유리가 일으킨 정변 과정에서 수세에 몰리다가 마침내 성문 아래에서 굶어죽게 된다. 이후 말리 부인의 왕궁생활도 많이 달라지게 되었을 것이다.

비천한 황두는 붓다를 만나 말리 부인이라는 왕실의 여성으로 거듭났지만, 깨달음이 없었던 그녀에게 왕실은 또 다른 슬픔을 안겨준 것이다. 이것이 바로 세상의 본질이다. 오열하는 말리 부인의 모습은 신분과 지위를 넘어서, 인간에게 진정으로 필요한 것이 무엇인지를 우리에게 말해주고 있는 듯하다.

열반의 땅 쿠시나가르의 열반상이
모셔져 있는 열반당과 사리탑.
사진 한 쪽에 잔뜩 동여매고 유적 위를
걷고 있는 필자의 모습이 보인다.

붓다가
열반에 들 때
아난이 두 번
슬퍼한 사연

우리나라에서 가장 많이 사용되는 표현 중 하나가 바로 '우리'이다. 이는 혈연공동체를 기반으로 하여 외연이 넓혀진 가장 친숙한 표현이다. 그래서 '우리나라·우리집·우리아이·우리마누라·우리끼리'와 같은 실로 다양한 표현이 있으며, 심지어 은행이나 증권사까지도 '우리'라는 명칭을 사용할 정도이다. 이는 대가족을 기반으로 하는 농경문화 전통을 잘 나타내준다. 그렇기 때문에 집단을 위한 희생이나 가족을 위한 헌신과 같은 측면이 동아시아 사회에서 보다 강하게 나타나게 된다.

그러나 인도는 유럽과 같은 개인주의 문화권이다. 붓다 당시에, 하루는 파사닉 왕이 자신이 총애하는 젊은 후궁에게 '이 세상에서 누구를 가장 사랑하냐?'고 묻는다. 이런 뻔하고 닭살 돋는 물음은 시대를 초월하는 것 같다. 그런데 이 질문을 받은 후궁은 한참을 골똘히 생각하다가 결국 '자신'이라는 대답을 하고 만다. 이 말을 듣고 왕은 서운함이 분노로 변했지만, 좀더 차분히 생각해보면서 그 말이 맞다는 결론에 도달했다. 그래서 붓다를 찾아가 가르침을 듣게 된다.

이 이야기는 동아시아 정서와는 완연히 다른 인도의 개인주의 문화를 잘 나타내주고 있다. 물론 그 말이 틀린 것은 아니지만, 동아시아에서라면 그렇게 말해서도 안 되는 것이 아닐까? 여기에서 우리는 서로 다른 두 문화권의 차이를 읽어보게 된다.

붓다는 55세가 되자, 여러 제자들이 돌아가면서 시자가 되는 것에 문
제가 있다고 생각한다. 그래서 자신보다 24~27세 어린 사촌동생 아난
이 말뚝 시자를 하길 원했다. 아난은 준수한 외모에 매우 총명했으며,
사람의 심리를 잘 파악하는 부드러운 심성의 소유자였다. 이렇게 해
서 아난은 이후 25년간 붓다를 모시며, 특유의 총명한 두뇌로 모든 가
르침을 암송하게 된다. 실제로 오늘날 전해지는 불교경전들은 모두 다
"여시아문(如是我聞)" 즉 "나는 이와 같이 들었다"라는 암송문으로 시
작되는데, 여기에서의 '나'가 바로 아난이다. 그런데 문제는 아난이 경
전을 많이 외우고는 있었지만, 붓다를 모시는 데 시간을 많이 사용하
다보니 정작 스스로는 깨달음을 얻지 못했다는 것이다.

　　그러다 붓다가 80세가 되어 열반에 들 것을 선포하고, 쿠시나
가르에서 열반의 상황을 맞이하게 된다. 이때 아난이 나무 뒤에서 훌
쩍이며 우는 상황이 펼쳐진다. 그런데 그 우는 이유가 25년을 모신 스
승이자 사촌형인 붓다의 열반이 슬퍼서 우는 것이 아니라, 자신은 아
직 깨닫지 못했는데 붓다가 열반에 들면 누구를 의지해야 하는가의 문
제 때문이었다. 즉 열반하는 붓다가 슬픈 것이 아니라, 남게 되는 자신
이 서글퍼서 울고 있었다는 말이다.

　　동아시아 전통에서는 상상할 수도 없는 개인주의적인 관점이
드러나는 대목이다. 그런데 더 흥미로운 것은 붓다 역시 아난의 울음

소리를 듣고는, 아난이 왜 우는지를 바로 알았다는 점이다. 그래서 붓다는 아난을 불러서 "너는 내가 열반하고 난 뒤 얼마 지나지 않아서 바로 깨달음을 얻게 된다"는 확실한 예언(수기)을 해주게 된다. 그러자 아난은 신속하게 마음의 안정을 되찾았다. 이는 참으로 인도적인 이야기이다. 동아시아 전통 같으면 있어서도 안 되고 또 기록으로 남아서도 안 되는 내용이 버젓이 기록되어 있는 것이다.

이후 아난은 붓다의 말대로 붓다의 열반 직후에 깨달음을 얻게 된다. 그러나 아난은 그 전에 붓다의 열반을 보게 되고, 마지막까지 자신을 염려하며 문제를 해결해준 붓다를 생각하며 다시 한 번 더 깊은 슬픔에 잠기게 된다. 즉 아난은 붓다의 열반과 관련해서 두 번 슬퍼한 것이다. 첫 번째는 자신을 위해서, 두 번째는 스승을 위해서였다. 어찌 보면 이것이야말로 우리 모두의 진실한 자화상이 아닐까 하는 생각이 든다.

개인주의와 이기주의

유럽에 가서 지나가는 사람에게 사진을 찍어달라고 할 때는 특별히 조심해야 한다. 우리가 사진을 찍을 때는 인물이 잘리지 않고 배경과 조화를 이루는 것을 목적으로 한다면, 그들은 마치 증명사진처럼 얼굴 중심의 사진만을 찍기 때문이다. 이것이 개인과 집단의 문화 차이에

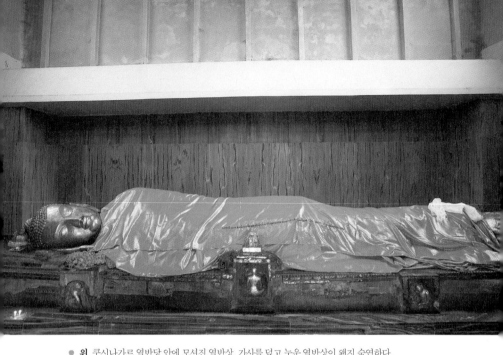

- **위** 쿠시나가르 열반당 안에 모셔진 열반상. 가사를 덮고 누운 열반상이 왠지 숙연하다.
- **아래 좌** 아잔타 석굴 제26굴의 열반상에 새겨진 슬퍼하는 아난의 모습.
  아래 우 쿠시나가르 열반상 우측 기단에 새겨진 비통에 잠긴 아난상의 확대된 모습.

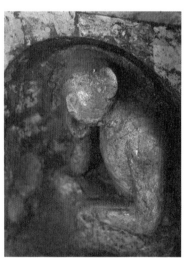

의한 현상이다. 배경이 있기는 하지만 전혀 기억나지 않고 인물만 강하게 떠오르는 〈모나리자〉를 생각하면 이해가 쉽겠다.

특히 집단주의에 익숙한 사람들은 개인주의를 잘 이해하지 못하는 경우가 있다. 그래서 개인주의를 이기주의로 폄하하곤 한다. 동아시아에서 유교가 불교를 비판하는 시각이 언제나 그래왔다. 『주자어류』 권126의 「석씨(釋氏)」나 정도전의 『불씨잡변(佛氏雜辨)』 등은 이를 더욱 잘 나타내주고 있다. 물론 오늘날은 소수의 사람들을 제외하고는 개인주의와 이기주의를 구분 못하지는 않는다. 아니 이제 우리는 역으로 더치페이처럼 개인주의 문화가 일반화된 사회를 살고 있다. 이런 점에서 불교적인 사고는 과거이면서도, 현재의 우리와도 밀접한 연관이 있으므로 단순한 과거만은 아니라고 하겠다.

죽음에 대한
터부와 긍정

● 붓다의 화장터에 세워진 라마바르 스투파에서 향공양을 올리는 모습. 본래는 말라족의 대관식이
열렸던 천관사(天冠寺)가 위치했던 장소였다.

우리 전통에 '윤달에 입관 때 사용하는 옷을 미리 만들어 놓으면 오래 산다'는 것이 있다. 그래서 이 옷에 목숨 '수(壽)' 자를 써서 수의라고 한다. 또 중국의 황제는 미리 생시에 무덤을 만들어 놓으면 오래 산다고 하여 이를 수릉이라고 했다. 이런 문화 때문에 예전에는 스스로가 생전에 자신의 묏자리를 잡아 놓는 경우도 있었다.

하필 이런 일들이 윤달에 주로 몰리는 것은 윤달을 일종의 보너스 달로 여겨, 이익과 손해가 없다[空亡]는 생각 때문이다. 그러므로 이때 죽음과 관련한 터부시된 부분을 손대도 문제가 없다는 것이다. 그래서 이때 묏자리를 이장하거나 손보는 일도 많이 있다. 그런데 한번 더 생각해 보면, 윤달에는 손익이 없기 때문에 이때 수의를 미리 준비해 놓아도 오래 살 이유도 없다는 것이다.

그렇다면 왜 이와 같은 속설이 생긴 것일까? 이유는 간단하다. 동아시아 전통에서는 죽음을 언급해서는 안 된다는 강한 터부가 있기 때문이다. 그렇다보니 사전에 장례준비를 할 수가 없고, 이는 어른이 창졸간에 돌아가셨을 때 복잡한 문제를 파생한다. 그러므로 장례용품을 미리 준비해 놓으면 좋다는 말을 유포해서, 돌아가실 분이 미리 준비해 놓도록 한 것이다. 이럴 경우 장례가 한결 용이하게 된다. 즉 새로 옷을 만드는 것이 아니라 이미 준비된 옷을 입히기만 하면 되는 것이다. 황제의 능묘 역시 마찬가지다. 황제가 붕어(崩御)한 뒤에 작업에 들어간다면, 이는 보통 어려운 일이 아니다. 그러나 살았을 때 자신이 만들어 놓는다면, 만족도도 높거니와 관을 넣고 무덤을 닫기만 하면 되니 일이 쉽게 된다.

우리는 이와 같은 문화전통에서, 동아시아에는 죽음을 함부로 언급할 수 없는 강한 터부가 존재한다는 것을 알 수 있다. 지금이야 많이 완화되었지만, 불과 얼마 전까지만 하더라도 부모님 앞에서 자식은 '힘들어 죽겠다'는 등 죽음과 관련된 표현을 하는 것 자체가 불경하고 무례한 언사였다. 즉 모든 죽음과 관련된 언급은 최대 금기사항의 비밀로 붙여졌던 것이다.

모든 인간은 죽는다

누군들 인간이 죽는다는 것을 모르겠는가마는, 이를 받아들이는 방식은 문화권마다 차이가 있다. 특히 내세관이 발달한 문화권의 경우, 죽음에 대한 주시가 보다 명료하게 나타나는 특징이 있다. 이런 점에서 인도는 죽음과 무척 친숙하다.

붓다는 열반에 들기 3개월 전, 자신이 바이샬리에서 열반에 들 것을 미리 선포한다. 그리고 열반의 땅 쿠시나가르에서, 시자인 아난이 '어떻게 화장하고 어디에 탑을 세워야 하느냐?'는 물음에 체계적이고 분명하게 대답을 해준다. 아랫사람인 아난이 붓다의 장례법과 화장방식을 묻는 것도 그렇거니와, 그에 차근차근 답해주는 기록은 동아시아 전통과는 다른 문화권적인 큰 차이이다.

붓다는 자신의 장례와 관련하여 다음과 같이 지시한다. 향수로 시신을 씻고 베로 수차례 감은 뒤 금관에 넣고 마유(麻油)를 부어서 잠기게 한 후, 이를 다시금 쇠곽과 전단향곽에 차례로 넣으라고. 그리고는 그 주위에 향목을 쌓아 화장할 것을 당부한다. 이러한 장례방식은 인도에서 성군(聖君, 전륜성왕)을 화장하는 방식에 준하는 것인데, 이후 불교적으로는 붓다의 사리를 모시는 방식으로까지 변화되어 정착된다.

붓다의 사리는 사리기라는 사리를 모시는 용기와 이를 감싸는 사리장엄구에 의해서 탑 속에 모셔지는데, 이 기준이 바로 붓다가 제시한 장례법과 흡사하다. 이런 점에서 붓다의 장례법 언급은 매우 중요하다. 또 이를 통해서 우리는 죽음을 회피하는 방식이 아닌, 죽음을 정면으로 주시하면서 가는 붓다의 관점을 확인해 볼 수 있다.

탑은 사거리 중앙에 만들어라

붓다의 장례법과 관련된 기록에는 화장 후 탑을 건립하는 위치와 관련된 내용도 있다. 그런데 붓다는 이때 탑의 위치를 번화한 사거리의 중앙으로 지시하고 있어 주목된다. 한국사찰에서도 큰스님들을 화장해서 분묘탑인 부도를 만들어 모시는 전통이 있다. 그러나 대부분 사찰 입구의 외진 곳에 위치해 있어, 일반적으로는 잘 눈에 띄지 않도록 배치하였다. 이는 죽음을 터부시하는 동아시아 전통에 의한 것이다.

그러나 붓다는 화장한 사리탑의 건립 위치를 가장 번화한 중심지로 지목하고 있는 것이다. 물론 불교인만 사는 곳이라면 이는 충분히 가능할 수도 있다. 그러나 도시의 중심지에 어떻게 불교인만이 살겠는가? 이런 점에서 우리는 인도문화가 죽음을 자연스럽게 받아들이고 이를 두려워하지 않는다는 것을 알 수 있다. 또 이것이 가능한 이유는 윤회나 해탈을 통해서 분묘나 탑에는 귀신과 같은 두려운 존재가 없다고 보기 때문이다.

그러나 한국사찰은 불교도들만의 공간임에도 불구하고, 부도를 눈에 잘 띄지 않는 한적한 곳에 위치시킨다. 이는 인도문화와 동아시아문화의 죽음에 대한 인식과 차이를 단적으로 드러내준다. 즉 여기에는 죽음을 인정하느냐의 문제, 그리고 인간은 죽을 수밖에 없지만 그럼에도 '모르는 게 약이다'와 같은 관점의 차이가 존재하는 것이다. 또 이와 함께 내세관과 사후세계관의 완비 문제도 존재한다고 하겠다.

라마바르 스투파.
이 탑을 볼 때마다
『어린왕자』의 코끼리를
삼킨 보아뱀이 생각난다.
탑의 무너진 형태가
사뭇 유사하기 때문이다.

● 붓다의 열반 후 석가족이 건립한 피프리하와 스투파. 최초의 근본8탑 중 하나로 여기에서 발견된
불사리와 사리기는 인도 뉴델리 국립박물관에 모셔져 있다.

기구한 여성?
교만한 여성?

인도여성의 소박한 향공양이 왠지 보는 이를 더 경건하게 한다.

하늘은 결코 모두 다 주지 않는다

때로 하늘은 한 인간에게 너무 많은 재주를 몰아준다. 르네상스시대의 다빈치나 미켈란젤로와 같은 이들이 여기에 해당한다. 그러나 동시에 재주에 걸맞지 않은 비극을 주기도 한다. 중국의 왕필(226~249)은 24세에 요절했지만, 그의 『노자』에 대한 저술인 『왕필주』는 오늘날까지도 깨어지지 않는 불멸의 금자탑으로 남아 있다. 그러나 왕필이 요절한 이유는 정치판을 기웃거리다가 권력의 소용돌이에 휩쓸렸기 때문이다. 즉 천재도 권력의 칼날을 피하지는 못했던 것이다.

붓다의 여성제자 중 미모와 지성을 겸비하고, 요즘으로 치면 여권신장에 노력한 인물이 있다. 그러나 그녀의 일생은 영화 〈식스센스〉보다도 더한 반전의 연속이라는 점에서 너무나도 기구하며 비극적이다. 그 주인공이 바로 붓다의 여성제자 중, 가장 신통이 뛰어났던 연화색 비구니이다.

소설보다 더 소설 같은 현실

얼마나 용모가 수려하고 아름다웠으면 이름부터가 '연꽃'일까? 그러나 연화색이 시집을 가 임신하게 되면서, 그녀의 인생은 파탄나기 시작한다. 임신 중 남편이 외도를 하게 되는데, 그 대상이 하필 해산을 도와주기 위해 온 친정어머니였기 때문이다. 설마 이런 일이 가능하겠나 싶지만, 예전 조혼하던 시대에 장모와 사위는 생각보다 나이 차이가 많지 않았다는 점을 생각할 필요가 있다. 이 사실을 안 연화색은 깊은 정신적 충격 속에, 자신이 낳은 딸을 집어 던지고는 그 길로 가출을 하게 된다.

그렇게 연화색은 다른 지역으로 가게 되지만, 특유의 미모로 인해서 금방 새로운 가정을 꾸리게 되었다. 그런데 결혼이 지속되면서 무역상이었던 남편은 거래지역에 현지처를 두게 되었고, 이 사실을 결국 연화색이 알게 된다. 그러나 연화색은 현실을 받아들이고, 현지처를 불러들여 같이 살려고 노력한다. 그런데 이 과정에서 엄청난 사실이 드러나는데, 그 현지처가 바로 자신이 두고 나온 딸이라는 것이다. 즉 두 번이나 모녀가 한 남편을 섬기는 실로 기이한 사건이 벌어진 것이다. 이 충격으로 연화색은 제정신을 잃고 뛰쳐나와 정처 없이 떠돌다가, 마침내 붓다를 만나 수행자로 거듭나게 된다.

연화색은 총명했고 또 세상에 대한 환멸이 있었기 때문에 금방 깨달음을 얻을 수 있었다. 그러나 수행자가 된 연화색의 미모는 이제는 역으로 또 다른 방해가 된다. 혼자 수행하고 있으면 주변을 지나던 남성들이 치근댔던 것이다. 결국 연화색은 세속의 장애를 떨치기 위해 한쪽 눈을 뽑아버렸다. 연화색은 자신의 미모를 그렇게 단호하게 지우는 선택을 했던 것이다.

붓다는 곡녀성(상카시아)이라는 곳에서 큰 기적을 보인다. 그 기적은 신들이 사는 천상세계에서부터 지상까지 긴 계단을 만들어 내려오는 것이다. 과거 수행자나 성현들 중 천상과 지하를 오간다는 이야기는 많지만, 날아올라갔다가 계단을 세워서 내려온다는 것은 없다. 이것이야말로 신통에 있어 발상의 전환인 것이다.

그런데 이때 천상에서 내려오는 붓다를 가장 먼저 맞이하려고 한 이가 바로 연화색이다. 연화색은 신통으로 장엄하고 위대한 성왕[轉輪聖王]으로 변신하여, 하늘을 날아서 붓다를 맞이하러 간다. 그리고는 "제가 가장 먼저 붓다를 맞이합니다."라고 말한다. 이는 자신을 드러내고자 하는 연화색의 교만인 동시에, 당시의 남성주의 사회에서 여성의 존재를 드러내려는 것으로 이해된다. 그러나 이것은 시대를 앞선 다빈치의 비행기였을 뿐이다.

붓다는 여성에 호의적이었다. 그래서 세계종교 최초로 여성을 성직자로 받아들인다. 그렇지만 불교승단은 여성에 차가웠다. 이는 예수가 여성에게 다가갔지만 기독교는 여성을 배척한 것과 같다. 불교는 결국 남성을 넘으려고 했던 연화색을 비하한다. 그래서 연화색은 최초로 붓다를 맞이한 여성이 아닌 것으로 수정되며, 반역자 제바달다에게 타살되어 죽는 것으로까지 묘사된다.

여성의 출가 용인이 붓다의 만년에 일어난 사건이라는 점을

붓다의 8대 성지 중
한 곳인 곡녀성의
'천국의 계단' 유적 일부.
누군가 존중의 의미로
신발을 벗고 올라간 듯
푸른 샌들이 보인다.

● 천국의 계단 유적에는 현재 발굴되지 않은 거대한 탑이 존재한다. 그 위의 힌두사원에서 오늘도
인도의 여성들은 지친 삶을 위로받고 있다.

감안한다면, 곡녀성의 기적 당시에 여성은 출가가 허용되지도 않은 상황이다. 그런데 어떻게 연화색이 등장한다는 말인가? 이는 연화색을 집어넣어 조롱거리를 만들려는 남성주의 승단의 명백한 음모이다. 이것이 고대사회에서 남성에 대한 여성의 도전 결과인 것이다.

곡녀성에는 아직도 천상에서 지상에 이른 거대한 계단의 유적 일부가 남아 있다. 그러나 이 유적은 기적의 유산인 동시에 자신의 용모를 훼손하면서까지 수행에 전념했고, 불교사상 최초로 남성주의에 도전한 여성에 대한 기념비는 아닐까! 현대까지도 인도의 여성들의 삶은 고달프기만 하다.

대나무와
코브라,
죽림정사의
미스터리

● 기원정사의 목욕용 연못과 승원 유적. 현재까지도 주위에 대나무가 둘러쳐져 있어,
옛 죽림정사의 모습을 상상해 보게 한다.

왕사성의 죽림정사는 사위성의 기원정사와 더불어 붓다 당시 불교를 대표하는 2대 사원으로 알려져 있다. 기원정사의 다른 이름이 기수급 고독원인데, 이것을 통해서 기수 태자와 급고독 장자가 연합해서 지은 절이라는 분명한 의미가 드러난다. 기증자의 명칭을 따서 건물이름을 짓는 것은 요즘 대학들에서도 쉽게 확인되는 양상인데, 2,500년 전 불교에서도 이와 같은 방식을 취했던 것이다.

그런데 대숲절로 번역되는 죽림정사는 이름만큼이나 기증자가 애매하다. 기수급고독원과 달리 대숲절이란 대나무 숲에 위치한 사찰이라는 의미 이상을 말해주지 않기 때문이다. 그런데 이와 관련해서 가란타죽원이라는 명칭이 확인되고 있어 주목된다. 이는 가란타의 대나무동산이라는 의미이다. 즉 불교 최초의 사찰인 죽림정사에는 뭔가 수상한 기류가 존재하는 것이다.

죽림정사의 기증자는 누구인가?

일반적인 불교기록들은 죽림정사를 기증한 인물로 마가다국의 왕인 빔비사라를 들고 있다. 그런데 자세히 살펴보면, 죽림정사와 관련해서는 가란타라는 인물도 등장하고 있어 흥미롭다.

가란타와 관련된 얘기인즉슨, 가란타라는 부호가 대나무 숲을 가지고 있었는데 이것을 자이나교에 사원으로 사용하라고 기증한다. 그런데 주고 나서 보니, 옷을 벗고 다니는 등 이들의 행태가 '영 아니올시다'였다. 그러다가 붓다를 알게 되고, 기증한 것을 번복해서 불교에 다시 기증했다는 것이다. 좀 치사하고 쩨쩨한 대목이 아닐 수 없다.

기증 번복이 당시 얼마나 가능한지는 잘 모르겠으나, 요즘도 기증자의 의도가 변경될 경우 일정 부분을 찾아 올 수 있는 부분들이 있으니 당시에도 아주 가능성이 없는 일은 아니라고 판단된다. 특히 당시 왕이 불교를 좋아한 빔비사라였다는 점을 고려한다면, 기증의 번복이 충분히 가능했을 것으로 짐작된다. 즉 빔비사라 왕의 개입은 바로 이 부분에 있었던 것으로 추정되는 것이다. 율장에는 빔비사라 왕이 죽림정사에 60채의 건물을 지어줬다고 되어 있다. 즉 빔비사라 왕은 죽림정사가 불교로 들어오고, 이것이 사찰의 격을 갖추는 데 결정적인 역할을 한 것으로 판단된다.

이렇게 놓고 본다면, 사건은 '가란타의 자이나교에 대숲 기증 → 번복과 불교에 재기증 → 빔비사라의 우회적 개입 → 60채의 건물 건축' 순이라고 하겠다. 그리고 이 과정에서 더 높고 권위가 있는 왕에 가려 가란타의 존재는 묻힌 것으로 판단된다. 또 여기에는 당시 대숲이 그렇게 대단한 가치를 갖지 못했던 어떤 이유도 있었을 것이다.

우리는 '대숲' 하면 청신한 느낌과 군자의 기상을 떠올리게 된다. 그러나 인도의 대숲은 동아시아의 인식과는 또 다르다. 인도의 대나무는 우리의 대나무처럼 깔끔하고 띄엄띄엄 분산되어 있는 것이 아니라, 한 무더기씩 밀집해서 자생한다. 또 이러한 과정에서 뾰족한 부분과 지저분한 양상이 존재한다. 즉 우리의 대밭과는 분위기가 사뭇 다른 것이다.

여기에 인도는 기후가 무더운데 대나무는 물성이 차다. 우리가 여름에 대자리 등을 사용하는 것을 생각해 보면 된다. 때문에 다른 곳보다 대숲은 시원하다. 그런데 이렇다보니 인도 대숲에는 뱀이 많다. 인도는 가뜩이나 뱀이 많은 곳이라는 점을 감안한다면 대숲은 뱀이 득실득실한 뱀 소굴이라는 것을 의미한다. 그래서 대숲 주변에는 뱀을 잡아 먹는 새들이 언제나 맴돌고 있었다. 사실 원주인의 명칭인 가란타도 뱀을 잡아먹는 매와 같은 가란타조에서 온 것이다. 즉 사람의 이름이라기보다는 대숲을 가지고 있는 인물을 지칭하는 일종의 별명인 셈이다. 인도는 독사가 매우 많다. 그러므로 대숲은 자연히 사람들이 꺼리는 곳이 된다. 여기에 대나무가 뿌리의 강한 번식력 때문에 '쑥대밭 된다'는 말이 있는 것처럼 통제가 잘 안 되어 농경지로 사용이 어렵다는 점을 감안한다면, 가란타의 기증은 사실 그리 대단한 것은 아니다. 이런 점에서 이와 같은 대밭의 문제점을 정리하고 건물을 지

현대에 약식으로 건축된
불교사원이 그나마
죽림정사의 쓸쓸함을
달래준다. 주변으로 군집을
이루면서 자생하는 인도
대나무들이 살펴진다.

은 빔비사라의 노고가 대단하다고 판단될 수 있다. 이렇게 놓고 본다면, 가란타가 자신의 공로를 빔비사라 왕에게 빼앗겨도 그렇게까지 억울한 상황은 아니라고 하겠다.

그럼 죽림정사에 뱀이 많은 문제를 승려들은 어떻게 해결했을까? 사실 딱히 해결방법은 없다. 다만 명상수행을 잘 하는 사람은 뱀이 물지 않는다는 정도라고나 할까? 동물은 인간에 비해서 느낌이 더 예민하다. 그래서 명상하는 사람의 주변에 오게 되면 뱀은 명상의 파동 속에서 정지한다. 이는 오늘날의 요가 수행자들에게서도 살펴지는 양상이다. 우리나라의 옛 이야기에 호랑이가 도사를 따른다는 것도 유사한 관점이라고 하겠다. 즉 죽림정사의 승려들은 열심히 명상하면서 말 그대로 조고각하(照顧脚下), 즉 낮음을 살피지 못하면 삶을 기약할 수 없었던 것이다. 이런 점에서 죽림정사는 더없이 좋은 수행처였다고도 하겠다.

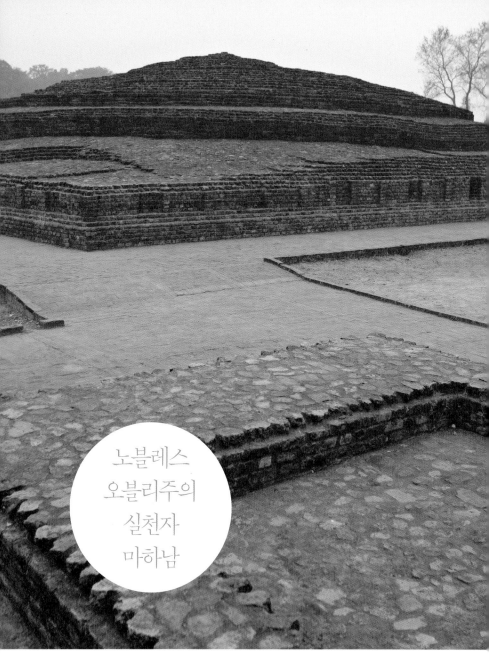

노블레스
오블리주의
실천자
마하남

● 석가족이 붓다를 위해 건립한 피프리하와 스투파와 주변의 승원 유적.

붓다는 깨달음을 얻은 후, 당시 주류지역이던 갠지스 강 유역에서 큰 성공을 거두고 현재 네팔에 속해 있는 당신의 왕국인 가비라 국으로 가게 된다. 이때 가비라에 있던 석가족들의 열렬한 환영 속에서 사촌들의 출가가 이루어진다. 당시 출가의 물결이 얼마나 거셌는가 하는 것은 국왕이었던 사촌 발제까지도 출가하는 것을 통해서 바로 알 수 있다.

붓다의 사촌형제는 총 6명으로, 제사·발제·마하남·아나율·제바달다·아난이 그들이다. 여기에 이복동생 난타가 더 있다. 이 중 제사와 마하남을 제외한 5명이 출가하게 된다. 즉 7명 중 5명이 출가한 셈이다. 이로 인해서 가비라국의 왕위는 마하남에게로 넘어간다.

석가족은 당시 공화제국가로, 왕인 라자를 돌아가면서 했다. 제사와 같은 경우는 왕을 역임한 인물이다. 그렇다보니 사촌 중에 마하남 외에는 남은 인물이 없게 된다. 즉 단독 후보의 무투표 당선인 셈이다. 이렇게 놓고 보면 마하남이 왕위에 오르는 것은 어찌 보면 붓다 때문이라고도 하겠다.

마하남이 왕위에 오르는 것과 관련해서 율장은 재미있는 이야기를 전한다. 마하남의 동생인 아나율이 출가하려고 하자, 어머니는 '아나율 대신 마하남이 출가하면 어떤가?'라고 했다고 한다. 흔히 열 손가락 깨물어서 안 아픈 손가락 없다고 하지만, 손가락의 길이는 다 다른 법이며 아픔의 강도에도 차이가 있는 것이 현실이다. 어머니에

● 마하남의 숭고한 죽음을 상기시키는 피프리하와 유적의 연못. 그러나 이곳은 붓다의 만년에 석가족이 멸망하면서 옮겨온 땅이기 때문에 마하남이 자살한 곳은 아니다.

게 있어서는 마하남보다 아나율이 훨씬 더 아픈 손가락이었던 것이다.

그래서 아나율의 출가를 막고자 제안한 것이 사촌이자 왕인 발제가 출가한다면 너도 출가하라는 조건이었다. 이는 왕이 출가할 일은 없을 것이라는 판단에 의한 것이다. 그런데 아나율이 발제를 설득해서 출가하도록 하는 사건이 벌어지고, 이로 인해 아나율 역시 출가할 수 있게 된다. 그리하여 가비라 국의 왕위가 비게 되고, 사촌들이 모두 출가하는 상황에서 남은 마하남이 보위에 오르게 된 것이다. 결과적으로 본다면, 동생의 출가가 형에게 왕위를 선물한 셈이라고 하겠다.

나무는 기운 곳으로 쓰러진다

『잡아함경』 권33의 「자공경(自恐經)」에는 왕이 된 마하남이 선정을 베풀면서도 '자신이 죽으면 어떻게 될까?'라는 막연한 두려움을 붓다에게 토로하는 대목이 있다. 그러자 붓다는 '기울어진 나무는 베어지게 되면 반드시 기운 쪽으로 쓰러지게 된다'는 가르침을 준다. 즉 죽는다고 크게 바뀌는 것이 아니라, 평소 살아왔던 습관과 일상이 그 사람의 사후를 만들 뿐이라는 것이다. 마치 그림자가 형체를 따르는 것처럼, 평소의 행동과 생각이 사람의 내일과 죽음 뒤를 그리는 주체라는 의미이다. 이 때문이었을까? 마하남의 최후는 문제를 책임질 줄 아는 당당한 위정자의 모습을 잘 보여주고 있어 높은 귀감이 된다.

진정한 위정자의 숭고한 죽음

가비라 국은 히말라야의 네팔 쪽 오지에 위치해 있기 때문에 인도 내륙의 정세변화에 어두웠다. 또 문화적으로도 낙후될 수밖에 없다. 그렇다보니 서쪽에 있던 강국 코살라 국에 편입되는 양상이 발생한다. 우리의 조선을 생각하면 되겠다.

그런데 이러한 간접지배 과정에서 코살라 국의 왕인 파사닉은 가비라 국에 공주를 요구하게 된다. 일종의 결혼연맹을 통한 지배

유채밭 사이로 펼쳐진
인도의 목가적 풍경은 모든
비극적인 이야기를 묻어버린
듯 평온하기만 하다.

정책의 강화인 셈이다. 그러나 마하남과 석가족 귀족들은 파사닉 왕의 혈통이 순수하지 못하다는 점을 들어서 이 요구가 무례하다고 판단한다. 문화가 발달한 국가들은 아무래도 변방국가보다 혈통의 순수성에 문제가 있게 마련이다. 현대의 서울이라는 문화적인 다양성의 도시와 비교해, 과거 동남쪽에 치우쳐 있던 신라시대 경주 귀족의 골품제와 같은 폐쇄성을 생각해 보면 되겠다. 그 결과 석가족은 마하남의 첩 자식을 공주라고 속여서 코살라 국에 보내는 어처구니없는 사건을 벌이게 된다. 바로 이러한 혼인 사이에서 태어나게 되는 인물이 비유리 왕자이다.

그런데 후일 이 비유리가 외갓집인 가비라 국으로 놀러오게 되면서 문제가 걷잡을 수 없게 된다. 석가족 귀족들과 어울리던 과정에서 비유리가 대국의 왕자라고 으스대자, '피도 천한 놈이'라고 하며 귀족 아이들에게 집단으로 구타를 당한 것이다. 이 사건을 계기로 비유리는 자신이 왕이 되면 가비라 국을 멸망시키고 석가족을 전멸시키겠다는 피의 원을 세우게 된다.

시간이 흘러 장성한 비유리는 정변을 통해 코살라 국의 왕위에 오른 후, 가장 먼저 석가족을 전멸시키기 위해 군대를 동원한다. 이미 전쟁으로는 상대가 될 수 없는 상황에서 왕인 마하남이 비유리와 독대를 요청한다. 순수혈통은 아니지만 마하남은 비유리의 외조부였다. 독대가 성사되자, 마하남은 비유리에게 특이한 제안을 한 가지 한다. 그것은 자신이 연못 물속에 들어갔다 나오는 시간 동안, 도망친 석가족은 살려달라는 것이다. 인간이 잠수할 수 있는 시간이라는 게 워낙 빤한 것이고, 또 좋든 싫든 외할아버지의 부탁이라는 점에서 이 요구는 수락된다.

그러나 마하남은 연못 속으로 들어간 직후, 상투를 풀고 머리를 물풀의 뿌리에 묶어 자살로 생을 마감한다. 처음부터 아예 작정을 하고 백성들을 살리기 위한 행동을 감행한 것이다. 이 때문에 많은 석가족들이 화를 피할 수 있었고, 이들이 현재 인도령 피프리하와에 새로운 가비라 국을 건설하게 된다.

석가족이 전멸당한다고 하더라도 외조부인 마하남은 예외일 수 있었다는 점에서, 마하남의 죽음은 숭고하다. 역사 속의 위정자들이 자신의 이익이나 죽음과 결부될 때는 언제나 비겁했다는 점에서, 마하남은 올바른 가르침을 받은 진정한 위정자의 모습을 잘 나타내주고 있어 가슴에 오래도록 여운을 남긴다.

인도
수행자들은
석굴을
좋아해

중국을 남북으로 나누는 대표적인 지형은 양자강이다. 여기에서 강남과 강북이라는 말이 발생하는 것이며, 우리의 강북과 강남이라는 표현 역시 사실은 이를 본뜬 것이다. 인도에 있어서 이러한 역할을 하는 것이 인도 중부의 데칸고원이다. 데칸고원은 고원이라는 표현대로, 지형이 계단처럼 전체가 융기한 구조로 되어 있다. 그렇다보니 이 지역은 지형적으로 석굴을 파는 것이 매우 유리하다. 또 데칸고원의 서쪽은 인도의 서쪽 바다와 연결되어 있고, 이곳은 로마 등으로 이어진 서방무역의 거점이었다. 그러므로 선단을 이끄는 상인들의 불안함은 종교적인 귀의로 쉽게 연결되고, 이것이 석굴사원 개착에 막대한 후원으로 작용하게 된다.

덕분에 데칸고원과 관련해서 아잔타·엘로라·오랑가바드·나식 석굴 등의 대표적인 석굴군 이외에도 크고 작은 수십 곳의 석굴사원군들이 개착되기에 이른다. 이 석굴들은 불교뿐만 아니라, 힌두교와 자이나교까지 다양한 종교와 여러 세대에 걸친 시대상을 나타내고 있어 인도의 종교문화를 알 수 있는 데 큰 도움이 된다.

인도수행자들이 석굴사원을 좋아하는 이유는 무더위를 피할 수 있는 시원한 공간을 제공하기 때문이다. 또 인도의 석질은 우리의 화강암과 같이 단단하지 않고 무르다. 그러므로 파고 들어가기가 용이하다. 이와 같은 다중의 요소들이 결합되어 석굴사원의 대대적인 조형이 이루어지게 된다.

그런데 특이한 것은 우리의 석굴암과 같이 여러 부재가 결합되는 방식이 아닌 전체가 하나의 통조각으로 이루어진다는 것이다. 즉 인도인들은 석굴암과 같은 복잡한 건축구조를 하나의 통돌을 파들어가서 조각한다는 말이다. 이는 고대 인도인만이 할 수 있는 미친 설계가 가능하기 때문이다.

인도인들은 우리와 달리 공간적인 인식이 뛰어나다. 우리는 사건들을 시간적으로 인식하며 역사적으로 사고한다. 이는 동아시아에서 역사가 발달하는 이유인 동시에 우리나라가 세계기록유산의 보고가 되는 이유이기도 하다. 그러나 인도인들은 시간에는 관심이 없고, 오로지 공간에만 꽂혀 있다. 때문에 공간적 인식이 비약적으로 발달하게 된다.

불교경전을 펼치게 되면, 첫머리에 전 우주의 공간에서 군중들이 운집하는 대목이 나타난다. 이 내용들을 읽다보면 어느 순간 더 이상의 상상이 불가능해지면서, 머릿속에 자막만이 흘러가는 것을 경험하게 된다. 이 부분이 우리의 공간적 인식의 한계점이다. 그런데 인도인들은 그 경전 속의 모든 공간 인식이 가능하다. 즉 시간적 인식이 강한 우리와는 다른 광범위한 상상 능력이 인도인들에게 존재한다

시바 신은 히말라야의 카일라스 산에 살고 있다. 이를 형상화한 것이 카일라사나트 사원이다.
산 하나를 통으로 깎아서 만든 것으로, 크기만이 아니라 섬세함으로도 단연 압권이다.

사원 앞과 위쪽의 사람들을 보면, 카일라사나트 사원이 얼마나 큰지 알 수 있다. 그럼에도 이 사원의
아름다움은 카메라에 쉽게 잡히지 않는다. 눈으로 보게 되면, 저절로 벅찬 감동이 솟아오른다.

중국 본토 실크로드의 관문에 위치한 맥적산(麥積山) 석굴. 산이 보리 단을 쌓아놓은 것 같다고 해서 맥적산이라는 이름이 붙었다.

중국 실크로드에서 가장 유명한 감숙성 돈황의 막고굴 전경.

맥적산 석굴의 본존인 삼존불. 흙으로 덧칠이 된 소조불상이라 상대적으로 제작이 용이했다.

용문석굴 봉선사동의 전경. 중앙의 노사나불은 높이가 17.14미터인데, 측천무후가 황제가 되기를 발원하면서 자신을 닮게 만든 것으로 유명하다. 측천무후는 이 불상을 조성하고 이후 신성(神聖)황제로 즉위한다.

는 말이다. 물론 이들은 시간적인 인식에 있어서는 우리보다 훨씬 못하다. 즉 각 문화권에 따른 장단점이 존재하는 것이다.

현대에 석굴암을 통조각으로 시도한다 해도, 실로 엄청난 설계도면을 필요로 할 것이다. 그런데 고대에 인도인들은 변변한 설계도도 없이 카일라사나트 사원에서처럼 거대한 산 하나를 통으로 조각하는 작업을 해내고 있다. 이는 인도인들만이 할 수 있는 미친 공간능력 때문에 가능한 것이다.

석굴사원은 중국을 넘어

인도의 석굴사원 전통은 중앙아시아 키질의 천불동과 돈황으로 연결된다. 중앙아시아의 폭염 기온 역시 시원한 석굴사원을 선호하게 했고, 거대한 위험에 맞서야 했던 실크로드의 상인들 역시 불교의 가호를 받기 위해서 재정적인 후원을 아끼지 않았기 때문이다. 그렇게 해서 피어난 중앙아시아의 꽃이 바로 키질과 돈황이다.

그리고 이러한 석굴사원 문화는 다시금 중국으로 뻗어나가 대동의 운강석굴과 낙양의 용문석굴을 개착하게 된다. 운강석굴은 담요 5굴을 비롯해서 5만 불상이 조각되어 있고, 용문석굴은 봉선사 노사나대불을 메인으로 10만 불상이 조성되어 있다. 그러나 중국의 석굴사원은 인도 승려들이 무더위를 극복하기 위한 방안으로 사용된 것과는 달리, 장엄과 기념비적 역할을 주된 목적으로 한다. 그러므로 더 이상 깊숙하게 석굴을 파고 들어가야 하는 이유가 사라지게 된다. 이 때문에 감실과 같은 얕은 석굴이 주류를 이루게 되고, 그 결과 깊숙함에서 나타나는 그윽한 매력은 사라지게 된다.

물론 중국에는 이 외에도 맥적산석굴이나 천룡산석굴과 같은 다양한 석굴군들이 다수 더 존재한다. 그러나 중국석굴은 기후조건의 차이에 의해서 인도석굴과는 다른 양상을 나타낸다는 점은 분명하다. 그리고 이와 같은 석굴의 대장정은 결국 우리나라 경주의 석굴암으로 맺어지게 된다.

아잔타 석굴 제1굴의 불전
입구에는 연꽃을 손에
들고 서 있는 일명 '연화수
보살'이 그려져 있다.
어두운 반사판에 의지해서
이런 고도의 종교예술을
완성했다는 것이 그저
놀랍기만 하다.

연화수는
별명이랍니다

'인도석굴사원' 하면 아잔타와 엘로라를 꼽지만, 아잔타는 총 29굴 전체가 불교석굴이라는 점에서 불교적인 의미가 더 크다. 밀림에 뒤덮여 있던 아잔타는 1819년 영국군인 존 스미스가 호랑이를 사냥하는 과정에서 발견해, 비로소 천년의 잠에서 깨어났다. 덕분에 엘로라에 산 전체를 조각해 만든 힌두교의 카일라사나트 사원이 있다면, 아잔타 제1굴에는 인도 회화미술의 백미로 꼽히는 연화수 보살이 있게 된다.

　　　고대의 회화가 시공을 뛰어 넘어 현대로 넘어온다는 것은 철저한 폐쇄구조가 만들어지지 않으면 불가능하다. 천년 동안 자연 속에 파묻혔던 아잔타는 200년 전에 깨어남으로써, 과거를 그대로 오늘에 전해줄 수 있게 된 것이다.

화장하는 불상

인도의 석질은 우리의 화강암처럼 단단하지 않고 무르다. 사람들은 흔히 그리스·로마의 대리석 조각품에 감탄하지만, 대리석 역시 무른 석질이기 때문에 그와 같은 정교한 표현이 가능하다. 만일 그리스·로마의 대리석 조각들이 경주 남산의 마애불들처럼 비바람에 그대로 노출되었다면, 대리석은 완전히 녹아내려서 형체 자체가 없을 것이다. 이런 점에서 우리의 화강암 조각은 독특한 미감과 존재감을 가지고 있다고 하겠다.

그런데 인도의 석질은 단순히 무른 것만이 아니라 거칠기까지 하다. 때문에 파고들어가기는 쉽지만, 이를 종교적인 대상으로 형상하는 것에는 어려움이 있다. 또 색을 입히지 않은 돌은 아무래도 단순하고 밋밋하기 그지없다. 오늘날과 같은 현대적 미감에서 이는 소박하고 고졸한 아름다움으로 받아들여질 수도 있다. 그러나 종교미술의 본질은 화려함과 장엄, 그리고 눈에 잘 띄는 강력한 존재에서 발휘되는 경외감이다. 이런 점에서 돌로 만들어진 조각에는 언제나 색이 칠해진다.

그리스·로마의 신상과 같이 대리석 피부를 가진 경우에도 예외 없이 색이 칠해졌다는 점을 생각할 필요가 있다. 즉 때로 종교미술은 눈에 보이는 것이 진실이 아니라, 사고를 통한 상상이 사실을 가리키는 경우가 있는 것이다. 대리석 같은 경우는 돌의 결이 좋기 때문에 그 위에 막바로 색을 입혀도 큰 문제가 없다. 그러나 우리나라의 화강암이나 인도의 석굴은 존상의 피부결이 좋지 않기 때문에 크림을 바르는 선행 화장이 불가피하다. 이때 사용되는 크림이 바로 석회이다. 반죽한 석회로 표면에 칠을 해서 매끄럽게 한 후, 그 위에 색을 입히는 것이다.

석회가 다 마른 뒤에 색을 입히게 되면 색이 뜨는 현상이 발생한다. 요즘이야 화학적인 본드를 사용해서 접착할 수 있지만, 과거에는 색이 떠오르지 않기 위해서는 석회가 마르기 전에 칠을 해서 물감이 석회 안으로 스며들게 해야만 한다. 이런 것을 프레스코 기법이라고 한다.

아잔타의 그림들은 이러한 프레스코 기법에 의해서 제작된 것이다. 이렇게 될 경우에는 석회가 떨어져 나가지 않는다면 색이 일어나서 박락될 확률이 없다. 그리스·로마의 대리석상의 색깔이 모두 박락되어 백색의 예술이 된 것과는 반대로, 이번에는 피부가 안 좋은 것이 긍정적으로 작용하는 것이다. 또 이런 경우는 돌의 재질이 거칠수록 석회와의 결합력은 높아져서 살아남을 확률이 증대된다. 참 그러고 보면 장점은 다른 면에서는 단점이 되고, 단점 역시 다른 면에서는 그대로가 장점이 되는 것 같다.

때론 상상이 필요한 고대문화 산책

프레스코화는 석회가 마르기 전에 그림을 그려야 하기 때문에 그림 작업에 신속성이 요구된다. 그런데 아잔타와 같은 석굴사원은 굴이 깊기 때문에 햇빛이 잘 비치지 않아 어둡다는 문제가 있다. 즉 어두운 곳에서 빨리 그려야 한다는 말이다. 물론 횃불을 사용하면 빛을 얻을 수 있다. 그러나 석굴의 특징상 이렇게 될 경우에는 석회의 증발속도가 빨라지게 된다. 즉 그림을 그릴 시간이 단축되는 것이다. 이러한 상황에

● 아잔타 석굴의 모든 프레스코화는 어둠 속의 장인정신과 신심이 빚어낸 걸작이다. 피부색은 검게 산화되었는데 손바닥은 변색되지 않아, 서로 다른 안료가 사용되었다는 것을 알 수 있다.

서 고대의 인도인들이 생각한 빛을 모으는 방법은 우리가 영화 찍을 때 사용하는 것과 같은 반사판이었다. 그러나 고대의 반사판은 흐리고 어두웠다. 즉 우리는 연화수 보살을 통해, 침침한 빛 속에서 열정을 태우며 작업하던 5세기의 장인정신과 조우하게 되는 것이다.

　　연화수 보살은 사실 보살의 명칭은 아니다. 연꽃을 손에 들고 있다고 해서 연화수라는 별명을 얻은 것이다. 그러나 그 유연한 허리선은 현대의 미감 속에서도 충분히 지적인 아름다움으로 다가온다. 1,500년 전 선이라고는 도저히 믿기 힘든 세련된 자태가 현대의 우리

● 연화수 보살과 마주해서 불전의 입구를 장엄하고 있는 금강수 보살. 보관의 표현은 화려하며 신체의 선 표현은 단순하면서도 유려하다. 즉 복잡과 단순의 이중구조가 최고의 조화를 만들고 있는 것이다.

눈앞에 불가사의로 연출되는 것이다.

이 1번 석굴에서 재미있는 것은 연화수 보살과 마주하고 있는 흑색의 금강수 보살이다. 이 금강수 보살 역시 매우 훌륭하고 또 중요함에도 불구하고, 너무나도 강렬한 연화수 보살의 미감에 가려서 빛을 못보고 있다. 여기에는 물론 금강수 보살이 검은색을 가졌다는 부분도 존재한다. 그런데 금강수 보살은 과연 흑인을 묘사한 것일까? 고대에는 천연안료를 썼기 때문에 안료가 산화되면서 색이 변하는 경우가 많이 있다. 즉 피부 안료에 철 성분이 많이 들어가게 되면, 철이 산화되는 과정에서 피부가 검어지는 것이다. 이렇게 놓고 본다면, 금강수 보살을 밝게 보는 안목 역시 갖추어야 한다. 회화의 파괴를 막기 위해서 빛을 최대한 줄인 석굴사원 속에서 과거를 바로 본다는 것은 참으로 어려운 일이 아닐 수 없다.

아난의
반신탑에 얽힌
사연

● 바이샬리에 위치한 대림·중각강당의 아난을 기리는 아소카 석주. 상부까지 보존된 유일한
석주이다.

불교유적을 증명하는 아소카 석주

인도는 '역사가 없는 나라'라는 말이 있는 것처럼, 역사의 기록을 중시하지 않는다. 그러므로 붓다의 유적을 확정짓는 유물로 가장 확실한 것은 붓다의 열반 200여 년 뒤, 전 인도를 통일한 불교왕 아소카가 붓다의 성적(聖蹟)을 순례하면서 건립한 기념물인 아소카 석주이다.

　　아소카 석주 중 가장 중요한 것은 사르나트 박물관에 보관되어 있는 녹야원의 아소카 석주이다. 이 석주는 1950년 인도의 국장으로 지정되어 화폐나 공문서 등 여러 곳에서 사용되고 있다. 그런데 이 사사자석주의 상부조각은 매우 훌륭했기 때문에, 떼어져 영국으로 반출되었다 되돌아오는 수난을 겪게 된다. 현재 용산 국립중앙박물관의 메인 유물로 전시되어 있는 국보 제86호 경천사지10층석탑이 일제강점기에 일본에 의해서 빼앗겼다가 반환되는 것과 유사한 상황이라고 하겠다. 많은 아소카 석주들이 세월의 흐름 속에서 파괴되고, 현재 상부조각까지 온전히 보존된 것은 바이샬리의 아소카 석주뿐이다. 이 아소카 석주 정상에는 사자 한 마리가 표현되어 있다.

아난의 열반과 두 개의 반신탑

'아소카 석주' 하면 붓다의 유적을 떠올리기 때문에, 바이샬리의 아소카 석주 옆의 거대한 탑 역시 불탑으로 오인하곤 한다. 그러나 이 탑은 붓다의 시자로서, 붓다의 열반 20년 뒤 불교교단의 수장이 되는 아난의 탑이다.

아난이 열반하는 시점은 마가다 국과 바이샬리가 갠지스 강을 중심으로 장기전을 벌이고 있던 때였다. 이때 마가다 국 왕인 아사세는 아난에게, 열반에 들려거든 자신에게 미리 알려 줄 것을 부탁했다. 그러나 아난이 왕궁을 찾아가 자신의 열반을 고지하려고 했을 때, 왕은 중요한 회의 중이었고 아난은 그 길로 바이샬리로 가는 배 위에 몸을 싣게 된다.

회의를 마친 아사세 왕이 보고를 받은 뒤 아난이 열반하려고 한다는 것을 짐작하고는 곧장 시종들을 대동하고 갠지스 강변으로 가서 돌아오라고 부른다. 이 소리를 듣고 바이샬리 쪽에서도 아난이 바이샬리로 오고 있다는 것을 알고는, 어서 오라고 환영하는 뜬금없는 혼란상이 펼쳐진다. 이 같은 상황에서 아난은 갠지스 강 위의 배 위에서 열반에 든다.

아난의 열반에 관한 이 이야기는 당시의 불교와 관련된 두 나라의 매우 복잡한 관계를 말하는 것에 틀림없다. 그러나 그것의 본질은 이미 역사의 이면으로 숨어서 정확한 판단이 불가능하다. 다만 아난이 불교의 수장일 때 마가다 국 중심의 불교 판도에 변화가 있었고, 이와 관련해서 아난이 열반에 들고 있다는 점만은 분명하다.

아난은 갠지스 강의 배 위에서 곧장 화장된다. 지금은 갠지스

● 붓다의 탑에 버금가는 규모의 아난의 반신탑과 아소카 석주. 그 주변으로 부도와 승원 유적들이 산재해 있다.

강 언덕의 가트에서 화장하는 것이 일반적이지만, 고대로 올라가면 강 위의 배에서 화장되어 배와 함께 수장되는 문화가 발견된다. 이렇게 놓고 보면 아난은 불교보다는 인도 전통의 장례법에 의해서 화장된 것임을 알 수 있다. 이 부분 역시 특기할 만한 기록이다. 그런데 아난은 화장됨과 동시에 사리 역시 수장된 것이 아니라, 마가다와 바이샬리라는 강의 양 언덕으로 절반씩 나뉘어 떨어졌다고 한다. 아난을 청하는 두 국가의 요청에 대한 화답이었던 것이다. 이렇게 해서 마가다 국의 수도인 왕사성과 바이샬리에는 각각 아난의 반신탑이 건립된다. 그러나 이 중 마가다 국의 반신탑은 세월의 무게 속에서 이미 자취를 알 수 없게 되었고, 바이샬리의 반신탑만이 확인될 뿐이다.

아 소 카 왕 의 존 숭 이 빚 은 오 해

역사가 없는 나라에서 아난의 이야기를 기록하고 있는 것은 아이러니하게도 중국인이다. 『서유기』의 현장은 역사를 중시하는 중국인답게 역사적인 기록을 아주 꼼꼼하게 남겨 놓고 있다. 이것이 바로 『대당서역기』인데, 이 책은 본래 당 태종의 명에 의해서 자신이 경험한 것을 제출한 전12권으로 된 보고서였다. 현장은 여기에서 마치 내비게이션을 만들듯이 정확하고 치밀하게 설명함으로써, 후일 불교유적을 발견하려는 고고학자들의 성전이 된다. 즉 인도의 불교유적을 고대의 중국기록을 통해서 발견하게 되는 아이러니한 상황이 연출되는 것이다. 그리고 그 핵심유물에 바로 아소카 석주가 위치하고 있다. 즉 붓다의 유적지를 발견하는 데 있어서는, '기록의 『대당서역기』'와 '유물의 아소카 석주'가 두 날개로 존재하는 것이다.

그런데 아소카 왕이 붓다와 더불어 최고로 존경한 인물이 바로 아난이다. 이유는 아난이 붓다의 가르침을 전해주지 않았다면, 후대의 전승이 불가능했을 것이라는 판단 때문이다. 『잡아함경』 권23의

「아육왕경」은 아소카 왕이 기원정사의 붓다 제자들의 부도를 참배할 때, 아난을 특별히 더 존중한 기록을 전하고 있다. 이에 따르면 붓다의 수제자인 사리불·목건련·마하가섭의 부도에는 10만 냥을 공양했으나, 아난에게만은 유독 100억 냥을 공양한 것으로 되어 있다. 이와 같은 아소카 왕의 특별한 존중이 아난의 탑을 붓다의 탑처럼 장엄하게 하고, 또 아소카 석주가 건립되도록 한 것이다. 그런데 이런 내용을 잘 모르는 사람들은 아난의 석주와 탑을 보고도 붓다만을 생각하곤 한다. 이는 과유불급(過猶不及)이라는 말을 떠올리게 하는 불교의 한 해프닝 이라고 하겠다.

신심 있는
사람에게만
보이는 붓다

● 취쟝각산의 유영을 탐구와 연왕들 장집전 기원과 훈고자 중승은 어느 문화권에서긴 최고의
가치인 마음속에서 표현된다.

붓다가 깨달음을 얻은 곳은 부다가야이다. 이 지방은 원래 가야였는데 붓다가 깨달음을 얻은 것을 기념해서 붓다의 가야, 즉 부다가야가 된다. 가야란 상두(象頭)라는 의미인데, 이 지역의 지형이 코끼리 머리처럼 생겼다고 해서 붙은 이름이다. 가야는 한국불교와 관련해서는 합천 해인사가 위치하고 있는 산 이름이기도 하다. 그러나 더 흥미로운 것은 우리의 고대국가 가야가 이 인도의 지명에서 유래했다는 점이다.

　이런 이야기를 하면 사람들은 '설마 그렇겠나?' 하지만, 사실 인도에서 중국 광동을 거쳐 우리나라로 오는 해로는 고대부터 열려 있었다. 석탈해의 부인으로서, '김해 김씨'와 '김해 허씨'의 시조와 관련된 허왕옥은 인도 내륙의 아요디아와 관련된 것으로 알려져 있다. 아요디야는 인도의 2대 서사시 중 하나인『라마야나』의 주인공 라마의 고향이기도 하다. 또 대승불교와 관련해서는 인도불교의 2대 학파인 유식학파(唯識學派, 불교 요가학파)의 시조인 무착(Asaṅga)과 세친(Vasubandhu)의 가르침이 시작된 곳이라는 점에서도 의미가 깊다.

　사실 고려 때까지만 해도 해상 루트는 활발했다. 그래서 고려의 개성상인들은 베니스에까지 가서 무역을 했고, 그 결과로 우리나라는 현재까지도 코리아 즉 고려로 알려지게 된 것이다. 후일 중국의 명나라는 바다를 봉쇄하는 해금정책을 폈고, 조선 역시 외래문화에 관심이 없었다. 그 결과 인도는 아주 먼 나라가 되었지만, 고대로 올라갈수록 생각보다는 가까운 나라였던 것이다.

용을 위해서 그림자를 남겨 놓다

붓다는 부다가야에서 깨달음을 증득하기 전 전정각산(前正覺山)에 올라갔다. 전정각산은 정각, 즉 '바른 깨달음을 얻기 전에 올라간 산'이라는 의미이다. 실상 붓다는 처음에는 이 산에서 깨달음을 얻을 생각으로 갔다. 그러나 막상 올라가서 보니, '이 산이 아닌 게벼!' 했다고 하는 것이다. 이것 참 웃어야 할지 말아야 할지, 미국 할리우드 영화에서 한참 진지하다가 터지는 웃음코드가 뜬금없이 이 이야기 속에 존재한다.

　　그런데 처음에는 이것을 몰랐기 때문에 붓다는 전정각산의 한 작은 석굴 속에서 명상을 했다. 그리고는 여기가 아니라고 판단해서 나가려고 하자, 굴 속에 있던 용이 나타나서 제발 이곳에 머물러주기를 간청하게 된다. 그러면서 자신은 분노를 조절하지 못하는데, 붓다가 이곳에 머물러주면 치성한 분노를 다스릴 수 있겠다고 하였다. 그러나 붓다는 정각을 위해서 떠날 수밖에 없는 상황이었기에, 그 굴 속에 당신의 그림자를 남겨 놓았다. 이것을 보고 분노를 달래라는 배려였던 것이다. 그래서 이 굴을 붓다의 그림자가 어려 있다고 해서 유영굴(有影窟)이라고 한다.

● 유영굴 속의 불상. 아이러니하게도 불상보다는 복전함에 설치된 은빛의 큰 자물쇠 두 개가 더 눈길을 끈다.

● 먼발치에서 바라 본 전정각산과 유영굴을 관리하는 티베트 사원.

현 장 의   종 교 체 험

유영굴과 유사한 이야기는 과거에는 제법 여러 곳에 있었던 것 같다. 현장은 서북인도 잘랄라바드에서, 붓다의 그림자가 서려 있는 동굴인 불영굴(佛影窟)을 참배하며 이적을 경험한 내용을 『대당서역기』권2와 『자은전』권2에 기록해 놓고 있다.

　　　이 굴은 붓다가 구파라용을 항복시키고 그림자를 남겨 놓았다는 것으로, 전정각산의 유영굴과 이야기 구조가 동일하다. 현장은 이 불영굴에서 붓다를 보는 신비한 종교체험을 하게 된다. 그 내용은 다음과 같다. 처음에는 아무것도 보이지 않는 상태에서, 100배의 절을 올리고 다시 붓다를 찬탄하는 게송을 100여 번 읊자 빛이 점차 보이기 시작해서 쟁반만큼이나 커졌다고 한다. 그러자 붓다의 형상을 보지 못하면 떠나지 않겠다는 굳은 다짐 속에서 다시금 200여 번의 절을 하자, 굴 전체가 환해지면서 붓다의 형상이 나타났다고 한다. 그 형상은 연화좌 위에 적황색 가사를 착용하고 앉은 모습이었다고 한다. 참으로 신심 있는 사람에게만 보이는 이적이라고 하겠다.

현장의 기록은 단순히 아무라도 가면 누구에게나 다 보이는 것이 아니라, 보일 수밖에 없도록 하는 행위에 대해서 말하고 있다. 전정각산의 유영굴 역시 신심 있는 사람의 눈에는 붓다가 보일 것이다. 그러나 오늘날의 유영굴은 너무 많은 촛불이 밝혀져 있어서, 붓다가 어두운 곳에서 나타나기에는 조금 멋쩍은 측면이 있는 것 같아 아쉬운 여운이 있다.

붓다가
깨달은 장소는
과연
어느 곳일까?

● 붓다가 깨달음을 얻은 장소라고 알려진 부다가야의 보리수. 사진의 보리수 밑에 금강보좌가
설치되어 있다.

우리는 흔히 좋은 자리나 터를 지칭할 때 명당이라는 표현을 쓴다. 사실 명당은 원래 좋은 자리를 가리키는 것이 아니고, 중국 고대왕조인 주(周)나라 때 천자가 정사를 보던 곳을 지칭하던 표현이었다. 즉 우리식으로 하면 경복궁의 근정전이나 창덕궁의 인정전과 같은 정전을 의미한다.

고대 중국에서 정치는 남향의 양명한 기운으로 바르게 해야 한다고 해서 대전(大殿)은 남향을 향하게 하고, '밝은 집'이라는 의미의 명당이라는 표현을 사용했다. 이것이 후일 확대되면서 길지라는 뜻으로 정착되어 오늘에 이르고 있다. 후일에는 명당의 범주에 묏자리[陰宅]도 포함되고, 요즘에는 원래의 의미와는 달리 좋은 터를 명당이라고 하는 정도이다. 또 과거의 명당문화가 현재까지 남아 있는 것이 우리나라 사람들이 남향집을 선호하는 문화라고 하겠다.

그렇다면 과연 붓다가 깨달은 장소는 명당일까? 이건 소박하지만 재미있는 의문이다. 그런데 붓다가 깨달음을 증득한 부다가야는 딱 봐도 명당과는 거리가 멀다. 부다가야를 찾으면 가장 먼저 눈에 띄는 것이 지대가 꺼져서 낮다는 것이다. 명당이란 양명해야 하는데, 어떻게 낮은 지형이 명당이 될 수 있겠는가?

사실 알고 보면 부다가야의 지형은 주변이 퇴적되면서 높아진 것이지, 처음부터 부다가야가 꺼진 지형은 아니었다. 현장의 『대당서역기』 권8을 보게 되면 현장이 순례할 당시에도 부다가야는 점점 흙에 파묻히고 있었다는 것을 알 수 있다. 현재 부다가야는 인도의 핵심 유적지이기 때문에 흙을 걷어내다보니, 이곳만 꺼진 지형인 것처럼 보이는 것이다. 즉 부다가야의 지표가 원래의 높이라는 말이다. 그러나 그렇다고 하더라도 흙이 쌓이는 지형이 명당일 리는 없다.

그럼에도 이곳에는 강력한 에너지가 흐른다. 인도를 가본 사람이라면 누구도 인도여행이 쉽지 않다는 것을 안다. 힘든 이유는 첫째 일정이 길고, 둘째 한국인이 주로 찾는 겨울의 인도는 일 기온차가 너무 심하기 때문이다. 그러나 부다가야에 들려서 잠시라도 기도하면 제아무리 방전된 체력이라도 급속충전으로 회복된다. 이것은 이적이 아니라 성지(聖地)의 충만함이다. 즉 붓다의 깨달음이 평균도 안 되는 터를 최고의 터전으로 탈바꿈시켜 놓았기 때문에 가능한 일인 것이다. 즉 부다가야는 명당은 아니지만 최상의 성지이다. 이는 좋은 것을 좋게 한 것이 아닌 나쁜 것을 좋게 만든 것이니, 이것이 이적이라면 분명한 이적일 것이다.

붓다가 깨달은 금강보좌

부다가야의 핵심은 붓다가 깨달음을 성취했다는 보리수 아래의 금강보좌이다. 이곳에는 붓다의 깨달음을 상징하는 석판으로 된 좌대가 모

부다가야의 전경. 붓다의 위대한
깨달음을 기념하는 마하보디대탑사와
그 주변으로 여러 불적들이 산재해 있다.

서져 있다. 물론 돌로 된 정식 좌대야 후대에 첨가된 것이다. 기록에 따르면 붓다는 보리수 아래에 쿠샤(길상초)라는 풀자리를 깔고서 선정에 들어 깨달음을 얻은 것으로 되어 있다. 즉 금강보좌란 붓다가 깨달음을 얻은 상징적인 명칭이지 실체적인 특정 좌대를 지칭하는 것은 아니라는 말이다.

금강보좌의 성지화는 일찍부터 전개된다.『대비바사론』권30에 보면 금강좌가 대지의 깊은 곳까지 연결된 가장 견고한 반석이라는 내용이 수록되어 있고, 세친은『구사론』권11에서 이 주장을 그대로 수용하고 있다. 그러나 여기에는 금강보좌의 자리가 과연 붓다가 깨달은 자리가 맞는가에 대한 의심은 없었던 것 같다. 이러한 문제제기를 할 수 있는 이유는, 현재 금강보좌와 잇닿아 있는 바로 옆에는 붓다의 깨달음을 기리는 높이 55m에 이르는 대탑이 위치하고 있기 때문이다. 이 탑은 동쪽으로 난 출입문을 통해서 안으로 들어갈 수 있는 구조의 기념탑 겸 사찰이다. 탑 안에는 붓다의 깨달음을 상징하는 항마촉지인(降魔觸地印)의 불상이 모셔져 있다. 그래서 이를 마하보리대탑사(摩訶菩提大塔寺)라고 한다. 번역하면 '위대한 진리의 사원을 겸한 대탑'이라는 의미이다. 정상적이라면 붓다의 깨달음을 기념하는 건축물은 당연히 깨달음을 성취한 자리 위에 세워져야 하는 것이 아닐까? 붓다와 관련된 소박한 의문은 또다시 이렇게 시작되는 것이다.

현재의 마하보디대탑사는 높이 55m에 이르는 거대한 규모로, 붓다가
열반하시고 약 200년이 흐른 뒤 왕이 되어 전 인도를 통일한 불교왕
아소카에 의해 조성된 것에서부터 시작된다. 이것이 후대에 증축되는
과정에서 거대화된 것이다. 그렇다면 기념탑사가 현재의 금강보좌의
옆에 있기 위해서는 계속해서 탑사의 중심이 옮겨졌다는 의미가 된다.
무슨 말이냐면, 처음의 소규모 기념탑사가 금강보좌 옆에 있었고 이것
이 거대하게 증축된 것이라면, 금강보좌는 기념탑사의 안쪽으로 포함
될 수밖에 없게 된다. 그러므로 기념탑사의 크기가 커진다면, 금강보
좌와의 위치를 고려해서 기념탑사의 중심은 계속해서 바깥쪽으로 이
동할 수밖에 없다. 세상의 종교건축에 이렇게 주먹구구식으로 핵심 위
치를 옮겨 다니는 건축은 없다. 그것도 불교의 최고 성지에서, 붓다의
깨달음을 상징하는 불상이 본존으로 모셔진 상태에서 말이다. 언뜻 생
각해 봐도 무언가 이상하지 않은가?

　　또 『잡아함경』 권23의 「아육왕경」에 따르면, 아소카 왕은 붓
다의 유적지를 순례하면서 핵심적인 4대성지, 즉 탄생·깨달음·첫 설
법·열반의 자리에 각각 기념물인 탑묘(塔廟)를 건축했다고 되어 있다.
그런데 유독 부다가야에서만은 금강보좌의 자리가 아닌 그 옆에 탑사
를 건축했을까? 그 장소를 기리는 기념물을 그 자리 옆에 세운다는 것
이 과연 상식적인 행동일까? 언뜻 생각하면 보리수가 있기 때문이라

고 할 수도 있다. 그러나 붓다에게 그늘을 드리웠던 보리수는 아소카 왕의 왕비에 의해서 잘렸고, 그 잘린 부위에서 새로 싹을 내서 키웠다는 기록이 있다. 이는 기념탑사를 금강보좌 위에 건립하고 보리수를 옮겼을 개연성을 환기시킨다.

기념탑을 기념 대상의 자리 옆에 세운다는 것도 비상식적이거니와, 탑사와 같이 안으로 들어갈 수 있는 구조물은 그 속이 바로 핵심자리라는 의미를 내포한다. 그러므로 마하보디대탑사의 불상을 모신 자리가 붓다가 깨달음을 얻은 금강보좌라고 이해하는 관점이 더 타당한 것이다. 즉 처음부터 기념탑사의 자리가 붓다가 깨달은 자리이며, 그 위로 계속해서 거대한 증축이 이루어졌다는 말이다.

그렇다면 현재의 금강보좌는 어떻게 이해할 수 있을까? 금강보좌는 후대의 옮겨진 보리수 및 원 보리수가 죽고 그 보리수의 후손으로 대체되는 과정에서, 붓다의 깨달음을 표현하기 위해 부가된 것으로 판단된다. 이렇게 되는 것은 당연히 현재 우리가 보는 마하보디대탑사가 완성되는 것과 관련될 것이다.

어떤 의미에서 현재 우리가 보는 금강보좌는 가장 오래된 스토리텔링의 결과물일 수도 있다. 붓다가 깨달은 자리에 거대한 대탑사가 자리하고 그 위에 불상이 안치되자, 보리수 아래에서 깨달았다는 정취는 완전히 사라지게 된다. 그러므로 원 보리수의 후손나무를 이식하고 금강보좌라는 돌좌대를 설치해서 보다 강렬한 유형적인 구조를 현시했던 것이다.

부다가야의 마하보디대탑사를
향해서 오체투지를 올리는
티베트 스님.

● 마하보디대탑사 안의 정각상. 탑 안에 불전이 존재하는 구조이기 때문에 '대탑＋절'이라는
의미에서 대탑사라고 한다.

실제로 붓다의 열반지인 쿠시나가르에 가게 되면 순례자들은 붓다가 열반시에 누웠다는 두 그루의 사라쌍수를 찾고는 한다. 그러나 그 나무가 현재까지 존재할 일도 없고, 그 자리는 현재의 탑자리라고 보는 것이 타당하다. 그럼에도 사람들은 주변의 두 그루 보리수가 있는 곳을 주목하고는 한다. 이런 것이 바로 인간의 심리인 것이다. 부다가 야도 이와 유사한 상황에 직면했을 것이다. 그러다가 후일 양자의 관계가 혼란스러워지면서 오늘날과 같은 오류인식이 파생한 것이 아닌가 한다. 즉 논리적으로 접근해 봤을 때, 부다가야의 핵심자리는 금강보좌라기보다는 대탑사 안쪽의 불상자리일 개연성이 더 크다는 말이다.

물론 부다가야 기념탑사에 현재 모셔진 불상은 후대에 부가되는 것임은 재론의 여지가 없다. 그 이유는 불상은 기원 전후 무렵이 되어서야, 비로소 간다라에서 시작되는 후대의 창작물이기 때문이다. 그러나 그 불상이 모셔진 자리는 처음부터 성스러웠던 것에 틀림없다. 그러다가 불상이 만들어진 이후에 붓다의 깨달음을 상징하는 차원에서 불상이 부가되는 것이다.

이상과 같은 과정을 거치게 되자, 붓다가 보리수 아래에 앉아서 깨달음을 얻은 한 공간 안에서의 사건이 공간분할을 일으켜, '기념 대탑 안의 자리와 불상' 및 '금강보좌와 보리수'라는 이중성으로 분화되기에 이른다. 이는 보리수와 금강보좌 양자를 모두 포기할 수 없었던 불교승단의 욕심이 부른 어쩔 수 없는 왜곡의 결과라고 하겠다.

붓다의 가장
위대한 신통,
천불화현(千佛化現)

● 어디건 간절한 염원이 없으랴 만은, 인도에 가면 그것이 더 커지곤 한다.

기적은 신과 같은 외부적인 초월적 대상이 우리에게 개입하는 것이다. 그러므로 기적이란, 인간으로서는 견적을 낼 수 없는 가치가 된다. 그래서 기적을 믿는 종교에는 신에 대한 찬양만이 존재할 뿐, 그것의 가능성을 탐색하지는 않는다. 이는 로마시대의 신학자 터툴리아누스(Tertulianus)의 '나는 불합리하기 때문에 믿는다'라는 유명한 표현을 통해서 분명해진다.

그러나 신통은 인간이 수행을 통해서 비일상적인 능력을 사용하는 것을 의미한다. 즉 힘의 주체는 인간이며 그 획득방법은 수행인 것이다. 이 말은 신통은 기적과 달리 견적이 나온다는 말이다. 이런 점에서 신통은 기적과는 구분되는 완전히 다른 개념이다.

신통과 관련해서 인도문화와 중국문화는 전혀 다른 판단을 한다. 인도문화는 영화 〈매트릭스〉에서처럼 허상과 실상의 두 세계를 상정한다. 이 중 실상의 세계를 자각한 사람이 허상의 세계에 그 에너지를 투사하게 되면, 그것이 곧 신통이 된다. 마치 〈매트릭스〉 속에서 네오가 허상의 각성을 통해서 점점 슈퍼맨과 같은 힘을 증득하는 것을 생각하면 되겠다. 이와 같은 관점을 두 개의 세계에 기반한다는 점에서 이원론이라고 한다.

그러나 중국문화는 이와는 달리 일원론을 배경으로 하고 있다. 즉 인도문화가 꿈과 깸이라는 두 개의 세계를 말한다면, 중국문화

● 하나의 망고씨에서 시작되어 승천으로까지 연결되는 신통의 장소에 건립된 대탑의 유적.
붓다의 8대 성지 중 한 곳이다.

속에서 이 두 세계는 마치 자석의 N극과 S극처럼 서로 연결된 하나의 세계일 뿐이라는 말이다. 우리나라 태극기의 태극이 음과 양의 반대와 동시에 상보적인 구조로 전체의 하나를 구성하고 있는 것을 생각하면 되겠다. 그렇기 때문에 이 세계 외에 별도의 힘이 각성될 공간이나 요소가 존재하지 않는다. 즉 신통을 인정할 배경이 없다는 말이다.

이와 같은 배경문화의 차이는 같은 불교 안에서도 인도의 깨달은 사람에게는 신통이 갖추어져 있다고 주장되는 반면, 동아시아의 깨친 분들에게는 신통이 없는 것으로 나타나게 된다. 즉 인도불교에서의 깨달음은 신통을 포함한다는 개념이 존재하는 것이다. 이로 인하여 인도불교와 관련된 내용들에는 신통으로 겨루는 이야기들이 많이 나타나게 된다. 즉 높은 깨달음을 얻은 사람일수록 더 많은 신통을 각성하게 되고, 결국 이를 통해서 승리하게 되는 것이다. 이는 네오가 더 많은 각성을 통해서 더 빠른 신경반응 속도와 능력을 획득하는 것과 같다고 이해하면 되겠다. 이와 같은 인도의 신통에 대한 관점은 현대 요기들의 신통에 대한 내용으로까지 유전되고 있다.

붓다의 신통에 대한 이중성

붓다는 깨달은 사람의 신통을 인정하지만, 본말이 전도되어 깨달음이 아닌 신통만을 추구하거나 신통에 현혹되는 것을 매우 경계하는 모습을 보인다. 마치 산을 오르는 것이 목적이고 그러한 가운데 경치를 보는 것은 부수적인 것인데, 어떤 이들은 경치를 보기 위해서 산에 오르는 행동을 한다는 것이다. 그래서 붓다는 제자들의 신통을 금지하는 조칙을 내리게 된다.

이 사건은 빈두로라고 하는 제자의 사건에서 시작된다. 당시 왕사성의 한 부호가 수행자들의 신통을 시험하기 위해서, 기다란 장대 위에 보물주머니를 넣은 전단향으로 된 최고급 그릇을 매달고는 누구든 신통이 있는 이에게 주겠다고 공포한다. 이때 여러 수행자들이 시도했으나 실패한 것을 붓다의 제자인 빈두로 존자가 성공해서 불교의 위상을 떨치게 된다. 그러나 이 사건은 이후 부호에게 놀아난 것이라는 여론의 역풍을 맞게 되면서 시끄러운 상황이 초래된다. 그래서 붓다는 제자들에게 신통을 사용하지 말라는 규칙을 제정하게 되는 것이다.

그런데 이 규칙은 이후에는 오히려 불교수행자들의 족쇄가 되어, 다른 수행자들과의 경쟁에서 불교가 무능력해 보이는 모습을 파생하게 된다. 특히 인도 서쪽에 위치한 사위성은 새롭게 대두하는 불교와 기존의 전통종교 간에 충돌이 상당했는데, 이들은 아예 신통으로 불교에 도전하는 대담한 모습까지 보이게 된다. 결국 문제가 시끄러워지자 사위성의 파사닉 왕은 신통 대결을 선포하기에 이른다. 이때 붓다는 제자들에게는 신통을 사용하지 못하도록 하였으므로 스스로 직접 나서서 다른 수행자들과 경쟁하게 된다.

붓다는 날짜를 미리 정해놓고 그날 망고나무를 이용해서 신통을 부리겠다는 선포를 한다. 그런데 이러한 사전예고는 전혀 예상하지 못했던 또 다른 문제를 파생한다. 다른 수행자들이 붓다를 옥죄기 위해서 미리 사람을 시켜 인근의 망고나무를 모두 베어버렸기 때문이다. 붓다는 이 사실을 제자들을 통해서 듣게 된다.

망고나무의 신통과 승천

붓다는 예정된 당일 망고를 들고 정해진 장소로 가서, 망고를 먹고는 그 씨를 즉석에서 심어 싹을 틔워 곧장 무성한 나무로 만들어버린다. 그리고는 모든 망고나무 잎에 붓다의 모습이 새겨지는 신통을 보인다. 이를 많은 분신의 신통이라고 해서, 천불화현이라고 한다. 그런 뒤에 하늘에 떠서 걷고 앉는 모습을 보이다가 하늘로 승천하게 된다. 당시 신통의 경쟁은 붓다의 신통으로 우열이 완전히 판가름 나면서 사위성은 불교의 세력권으로 확정된다.

붓다의 생애에는 많은 신통에 대한 기록이 있다. 그러나 이 신통이 붓다의 일생에 있어서 가장 위대하고 대단한 신통이라고 하여 이를 특별히 대신변(大神變), 혹은 사위성에서의 일이라고 하여 사위성신변(舍衛城神變)이라고 한다. 또 망고나무를 이용한 것이라고 하여 망고나무의 신통이라고도 한다.

사위성은 기성종교의 세력이 강했던 지역이다. 그렇기 때문

● 본래는 7층 건물이 들어서 있었던 기원정사의 유적. 현장은 이곳에 우전왕이 조성한 불교 최초의 불상이 봉안되어 있었다고 기록했다.

에 신흥종교인 불교의 확대와 관련해서 여러 충돌의 기록들이 전한다. 대신변은 이와 같은 일련의 사건들에서 정점을 찍는 사건이다. 그 결과 여기에는 이를 기념하는 거대한 기념탑이 들어서게 된다. 또 사위성과 관련해서는 당시 전 인도 최대 규모의 7층 건물인 기원정사가 들어서게 되는데, 이 역시 사위성의 여론을 잠재우기 위한 붓다의 의도가 반영된 결과이다. 요즘으로 치면 특별한 능력과 고급화 전략이었다고 해야 할까?

설법과
수기의 땅이었던
사르나트

● 바라나시의 다메크 스투파. 다메크 스투파는 흔히 첫 설법의 탑으로 알고 있지만, 실은 수기의
탑이다.

바라나시는 갠지스 강을 끼고 있는 무역이 번성한 도시국가이다. 이 번영한 국가에서 철학과 사상이 논해지는 장소로, 아테네의 아고라와 같은 역할을 하던 곳이 바로 사슴동산[鹿野園] 사르나트이다.

　　이 지명의 유래는 전생의 붓다가 사슴 왕이었던 것과 관련된 다. 붓다의 전생을 수록하고 있는 『쟈타카(Jātaka)』에는, 이 지역을 다스 리던 왕이 사슴고기를 좋아해서 시도 때도 없이 사냥을 하는 이야기가 실려 있다. 그런데 사냥에 의해서 죽는 경우보다도, 사슴무리가 도망치 는 과정에서 많은 부상을 입게 되어 죽음에 이르는 피해가 더 컸다. 그 래서 사슴 왕은 인간 왕에게 번호표를 뽑아 차례로 죽어주겠다는 제안 을 하게 된다. 그런데 하루는 순번이 만삭의 사슴 차례가 되어, 사슴 왕 에게 제발 새끼를 낳고 죽을 수 있도록 해달라고 간청한다. 그러나 누 구도 죽음의 순서를 바꿔 주려고 하지 않았기 때문에, 결국 사슴 왕이 대신 인간 왕의 주방으로 가게 된다. 왕의 요리사가 이를 보고하자 왕 은 사슴 왕의 숭고한 자비심을 찬탄하며, 다시는 사슴고기를 먹지 않 겠다고 서원한다. 그리고는 이 사슴들을 누구도 해치지 못하도록 그 지역을 사슴특구로 지정해주었다. 이곳이 바로 녹야원이다.

　　이러한 전생의 인연처인 사르나트에서, 붓다는 부다가야에서 깨달음을 얻은 이후 최초로 다섯 제자에게 가르침을 설하게 된다. 이 를 불교에서는 처음으로 진리의 바퀴를 굴렸다고 해서 초전법륜(初轉

● 사르나트, 즉 사슴동산이라는 의미를 현대까지도 전해주는 사슴들. 사슴들이 어린 나무를 먹기 때문에 나무 주위에 벽돌로 울타리를 쳐 놓은 것이 이채롭다.

法輪)이라고 한다. 이 사건은 붓다가 개인적인 수행의 완성자에서 대중적인 교사로 탈바꿈하고 있다는 점에서 매우 중요하다. 또 불교교단의 시작은 바로 여기에서 기인한다. 그래서 후일의 불교왕 아소카는 이 첫 설법 자리에 거대한 기념탑을 건립하게 된다.

첫 설법의 탑과 수기의 탑

일반적으로 사르나트는 붓다가 처음으로 설법을 한 땅으로 알려져 있다. 그러나 이곳은 석가모니 붓다가 과거의 붓다인 가섭불(迦葉佛)에게 수기(受記)를 받은 곳인 동시에 미래불인 미륵에게 수기를 준 곳이기도 하다. 수기란 붓다에서 붓다로 상속되는, 다음 붓다가 될 것이라는 결정성의 상속이다. 마치 왕이 다음 왕을 지목하는 것과 같다고 이해하면 되겠다. 이렇게 사르나트는 불교적으로 석가모니의 '첫 설법'과 '수기'라는 이중의 성지인 것이다. 그래서 이곳에는 이를 기념하기 위해 아소카 왕이 건립한 쌍둥이와 같은 두 개의 거대한 탑이 존재하고 있었다. 이를 다메크 스투파와 다르마라지카 스투파라고 한다.

그런데 이 중 다르마라지카 스투파는 1794년 힌두교도였던 바라나시의 관리 쟈갓 씽에 의해서 해체된다. 그리고 현재는 13m 정도의 원형기단만이 남아 있을 뿐이다. 이 사건은 어처구니없게도 새로운 건축을 위해서 손쉽게 벽돌을 얻기 위한 과정에서 단행된 것인데, 그리 오래된 일이 아니기 때문에 관련 기록이 남아 있다. 이를 보면 탑의 해체 과정에서 정상부로부터 약 8m 정도 되는 위치에서, 붓다의 사리와 파란색 대리석재로 된 사리용기가 발견되었다. 그런데 이들은 이 귀중한 유물마저도 갠지스 강에 버리고 말았다. 참으로 안타까운 시간의 풍경이라 아니할 수 없다. 이 사건으로 인해서, 결국 사르나트에는 현재와 같이 43m 높이의 다메크 스투파와 13m 기단으로만 남은 다르마라지카 스투파가 존재하게 된다.

그런데 문제는 '두 탑 중 어느 탑이 붓다의 첫 설법을 기념하는 탑이냐'는 것이다. 이와 관련해 인도 현지에서 듣게 된 내용은, 현존하는 다메크 수투파가 첫 설법의 탑이라는 것이다. 그런데 현장의 『대당서역기』 권7의 기록을 보면, 현재 파괴되고 기단만 남은 다르마라지카 수투파가 바로 붓다의 첫 설법을 기념한 탑이라는 것을 알 수 있다. 현장의 꼼꼼한 기록이 빛을 발하는 순간이다.

　　현장은 '첫 설법의 탑 인근에 아소카 석주가 위치하고 있었다'고 적고 있다. 현재의 아소카 석주의 위치를 고려한다면, 첫 설법의 탑은 다메크 스투파가 아니라 다르마라지카 스투파가 된다. 이는 사르나트의 주불전(主佛殿) 위치를 고려했을 때도 분명하다. 실제로 사르나트의 유적지를 가 보게 되면, 다메크 수투파는 유적지의 한쪽 구석에 치우쳐 있다는 것을 알게 된다. 조금이라도 상식적인 생각이 있는 사람이라면, 왜 핵심적인 탑이 유적의 중앙에 위치하지 않는지에 관해 의심해 보아야 한다. 그러나 사람들은 이런 생각들을 전혀 하지 않는다. 그 결과 일반적인 인도불교유적과 관련된 서적과 성지순례과정에서 설명되는 내용들이 날조되도록 좌시하는 참혹한 결과가 초래되었다.

　　사르나트가 붓다의 4대 성지(탄생·깨달음·첫 설법·열반) 중 한 곳이 되는 것은 붓다의 첫 설법 때문이다. 그런데 막상 사르나트에는 첫 설법의 탑은 해체되고 없다. 그래서 남아 있는 다메크 수투파를 첫 설법의 탑이라고 말하게 되고, 이것이 입에서 입으로 옮겨지면서 결국 오늘에까지 이른 것이다. 확인하지 않고 전해지는 말의 위력을 새삼 확인할 수 있는 경우이다.

　　그러나 다메크 수투파는 수기의 탑이며, 첫 설법의 탑이 아니

붓다의 첫 설법 모습을
조각한 초전법륜상.
좌대 아래에 두 마리의
사슴과 법륜이 부조되어
있어, 이 상이 녹야원의
첫 설법을 상징하고
있다는 것을 알 수 있다.

● 다르마라지카 스투파 유적. 현재 직경 13m의 원형 기단부만 남아 있고, 나머지는 흔적도 없이
해체되어 사라졌다. 본래는 뒤로 보이는 다메크 스투파와 쌍벽을 이루는 대탑이었다.

다. 그런데 이것이 제대로 고지되지 못하므로 인하여 녹야원에 가서도 다르마라지카 스투파는 보지도 않고, 다메크 스투파만 살피고서 오는 경우까지 있으니 실로 개탄하지 않을 수 없다. 이래서 우리는 말 만드는 이들을 새삼 경계해야만 하는 것이다.

사 사 자 석 주 와   업 경 대 (業鏡臺)

사르나트의 아소카 석주는 4마리의 수사자가 사방으로 등을 맞대고 있는 형상으로 조각되어 있는데, 이 상부의 조각은 현재 사르나트 박물관의 메인 유물로 전시되고 있다. 인도의 국장이기도 한 이 사사자상은 붓다의 첫 설법이 사자의 포효[獅子吼]와 같아서 모든 동물들을 제압하는 것을 상징하는 것으로, 원래의 전체 높이는 12.25m에 이르는 거대한 기둥이었다. 이 기둥에는 승단의 화합을 강조하고, 분열을 경계하는 내용의 문구가 새겨져 있다.

그런데 현장은 이 아소카 석주와 관련해서 아주 흥미로운 기록을 남기고 있어 주목된다. 이 석주는 고광택의 윤기를 머금고 있었는데, 기도를 올리면 여러 영상들이 보이며 업경대와 같이 선악의 과거 모습이 보인다는 것이다. 석주의 윤기를 통해서 과거의 지난 일을 알 수 있다는 것은 지금의 탁한 석주를 통해서는 상상이 안 되는 일이다. 그러나 사르나트 박물관에 보관되어 있는 석주의 조각에 어려 있는 윤기를 보면, 이와 같은 일이 상상될 수 있어 호기심을 자아내기에 충분하다.

　　이제 이 석주를 보면, 잠시 감탄을 그치고 자신을 비춰보는 것도 재미있지 않을까!

붓다 가르침의 위대성이 가장 잘 표현되어 있는 바라나시의
아소카 석주. 상부만이 사르나트 박물관에 소장되어 있고,
기둥부분은 파괴된 채 방치되어 있다.

마하가섭과
칠엽굴 결집의
진실

● 마하가섭이 경전편찬회의를 주관했던 칠엽굴의 입구 중 한 곳. 현재는 굴 입구의 붕괴와 토사 누적으로 인하여 과거의 정확한 상형을 판단하기는 어렵다.

우리문화에 '임종을 보는 자식이 진정한 자식'이라는 말이 있다. 이는 부모의 임종을 기점으로 마치 바통터치가 되듯이 가계가 자식에게 상속된다는 의미이다. 실제로 고대사회의 풍습에서 장례의 주관자가 정통계승자라는 의식은 쉽게 찾아진다. 일반적으로 장례의 주관자는 임종을 보게 되므로 계승자는 임종에서 장례를 주관하는 경우가 대부분이다.

그런데 붓다의 열반은 3개월 전에 고지되었음에도 불구하고 인도가 워낙 넓다보니, 제자들이 모두 모이지 않은 상황에서 이루어진다. 이로 인해서 임종제자와 장례주관자가 다른 문제가 발생하게 된다.

임종제자 중 우두머리는 25년간 붓다를 시종한 요즘으로 치면 비서실장이었던 제자 아난이었다. 이 사실은 붓다가 열반에 든 이후 장례 운구의 방향과 길을 가르쳐 주기 위해서, 아난에게 관 밖으로 팔을 보이셨다는 기록을 통해서도 짐작해 볼 수 있다.

장례주관자는 늦게 도착해 붓다의 열반을 지켜보지 못한 마하가섭이다. 마하가섭은 500명의 제자들을 이끄는 독립적인 수행단체의 리더였다. 불교 안에는 우주 안에 많은 은하가 존재하듯이, 큰 제자들이 별도의 많은 제자들을 거느리고 독립적인 교화행보를 보이곤 했다. 그도 그럴 것이 붓다의 제자들은 너무 많았고, 또 걸식에 의해서 음식을 조달했기 때문에 한 지역에 많은 승려들이 밀집해 있을 수 없었다. 그래서 큰 제자들을 중심으로 하는 중규모의 수행집단들이 다수 만들어지게 되는 것이다. 마하가섭은 이 중 청빈을 실천하는 두타그룹의 리더였다. 그러다 보니 붓다를 호종(護從)할 수 없었고, 결국 열반 이후에 도착하게 된 것이다.

붓다는 마하가섭에게 당신의 뜻을 전달해 주기 위해 관 밖으로 발을 내보이셨다. 이것이 중국 선불교에서 유명하게 회자되는 곽씨쌍부(槨示雙趺)이다. 비록 임종은 보지 못했지만 발에 예를 갖추어 임종 제자로서의 위상을 확립시켜 준 것이다. 『마하승기율』 권32에는 마하가섭이 붓다의 발에 예배한 후 스스로 장례의 주관자임을 선포하는 대목이 기록되어 있다. 그러나 마하가섭은 붓다의 임종을 직접 본 것은 아니었기 때문에 계승자로서의 위상에 흠집이 있었다. 그래서 마하가섭은 붓다의 가르침을 정리하는 경전편찬회의를 열반의 장소인 쿠시나가르가 아닌 자신의 홈그라운드인 마가다 국의 왕사성으로 옮겨가서 하게 된다. 그 장소가 바로 칠엽굴이다.

기록이 아닌 암송의 문화

성스러운 내용을 기록으로 남기는 것이 과연 옳은 것일까? 자칫 문자로 남길 경우 그것은 성스러움에 대한 모독이며, 고의로 왜곡되거나

칠엽굴의 안쪽에서 밖을
바라다 본 모습. 칠엽굴의
좁은 입구를 지나고 나면
안쪽에는 사람이 설 수 있는
높이의 제법 거대한 광장이
나타난다.

외부인에게 유출될 우려가 있지 않을까? 이와 같은 문제의식 하에 고
대로부터 인도인들은 신성한 내용은 외워야 한다는 암송문화의 전통
을 가지고 있었다.

　　인도는 인더스 문명 시대에도 문자의 기록이 있었다. 다만 인
더스 문자는 아직까지 해독되지는 못한 상태이다. 이집트의 상형문자
인 히에로클리프를 프랑스의 샹폴리옹이 로제타석을 이용해서 해석
한 것과 같은, 언어학적인 새로운 발견을 기다리며 인더스문자는 아직
도 침묵하고 있다. 즉 문자로 일반적인 내용은 기록하지만, 성스러운
것은 암송하는 이중의 문화가 고대인도에는 존재했던 것이다.

실제로 인도에서 성전이 기록되는 것은 기원 전후이다. 이때 모든 종교의 내용들이 점차 기록으로 성문화(成文化)되는데, 그 이유는 암송과정에서 경전이 조금씩 증대되어 나중에는 더 이상 인간이 외울 수 있는 분량을 넘어섰기 때문이다.

마하가섭이 왕사성 인근의 칠엽굴에서 개최한 경전편찬회의는 각자가 암송한 것의 내용을 서로 확인하고 조율해서 재정비하는 작업이었다. 이 편찬회의는 승단의 대표성을 띤 500명의 승려들이 3개월에 걸쳐 진행했으며, 왕사성 아사세 왕의 경제적인 후원에 의해 이루어졌다.

칠엽굴이라는 명칭은 동굴의 입구가 안에서 갈라져 총 7개가 되기 때문이다. 현재 칠엽굴은 많은 부분이 붕괴되어 마하가섭 당시의 정확한 상황을 판단할 수 없다. 그러나 입구는 3개 정도가 확인되며, 안으로 들어가면 서로 연결된 거대한 공간이 있었다는 것을 알 수 있다. 즉 굴 안이 서로 연결되면서 일종의 광장과 같은 구조가 만들어져 있는 것이다. 칠엽굴의 칠엽은 일곱 나뭇잎이라는 의미인데, 이에 대한 일반적인 이해는 나뭇잎과 같이 7갈래로 갈라졌다는 정도이다. 그러나 직접 칠엽굴 안쪽을 답사해보면, 7갈래의 지류가 동굴 안쪽에서 거대한 하나의 나뭇잎과 같은 형태로 연결되는 모습이다. 즉 칠엽굴에 대한 이해는 이제 수정될 필요가 있는 것이다. 바로 이러한 동굴 속 광장에서 제1차 경전편찬회의가 마하가섭의 주도로 진행된 것이다.

인도의 암기문화는 인도인들이 보다 정확하고 많은 암기량을 가질 수 있도록 한다. 그러나 인간의 기억이란 조작되기 쉬운 것이며, 사소한 착각에 의해서도 변화의 요소를 내포한다. 특히 문화배경이 다른 지역 출신의 사람에게 경전을 가르치거나 하게 되면 여러 설명이 첨가되는데, 이러한 설명문들이 암기과정에서 삽입되는 경우도 발생하게 된다.

당시 승려들은 깨달음을 목적으로 암기를 했지, 경전의 암기 자체가 목적이 아니었다. 그렇기 때문에 자신의 이해 용이를 위해서 경전의 일부가 수정되는 것과 같은 일을 묵인했을 경우를 생각해 볼 수 있다. 이와 같은 문제들은 결국 경전량의 증대를 가져오게 되고, 세월의 흐름과 더불어 암기에서 기록으로의 전환을 초래할 수밖에 없게 한다.

처음부터 기록했다면 혼란의 개연성을 많이 줄일 수 있었을 것이다. 그러나 500년이나 암송으로 버텨온 불교의 역사는 결국 붓다의 원형을 알 수 없도록 하는 상황에 이르게 한다. 즉 잘 섞인 물감이 분리될 수 없는 것처럼, 붓다의 가르침도 이제는 그렇게 추정 가능한 영원의 물음표로만 남게 되는 것이다.

세월의 상흔을 고스란히 간직한
나란다 대학의 스투파 유적들.

나란다 대학
대스투파의
진실

나란다는 불교사원인 동시에 승려들의 학교였다. 요즘에야 종교단체가 종교시설의 역할만을 주로 하지만, 예전에는 학교·은행·시장·공연장·복지시설 등의 다중적인 기능들을 했었다. 국가의 기능이 약했던 과거에 종교적인 기능들이 이를 보충하면서 발전한 것은 오히려 당연하다. 이러던 것이 국가의 개념이 뚜렷해지고, 사회적 기능이 발전하면서 세분화되자 종교는 가장 본래적인 기능만 남고 많은 영역에서 축소된다. 선진국화 될수록 종교가 몰락하는 이유는 바로 이와 같은 종교의 위축도 한 역할을 하는 것이다.

　　나란다는 사원의 기능 중 학교의 역할이 가장 컸다. 해서 흔히 나란다 대학으로 알려지게 되는데, 전성기 때는 이곳의 승려 수가 1만 명이나 되었다고 한다. 직접 생산활동을 하지 않는 승려들만 1만 명이라는 것은, 나란다 주위에 이를 보조해주는 거대한 사원도시가 존재했다는 것을 의미한다. 우리식으로 얘기하자면 거대한 도시 규모의 사하촌(寺下村)이 존재했던 것이다. 나란다 대학의 유적 지름이 약 10km라는 것은 바로 이와 같은 전제를 말한다. 제아무리 불교가 강성했다고 하더라도 둘레 10km가 아닌 직경 10km면 도시인데, 이것이 전부 사원일 수는 없는 것이다.

　　나란다에는 엄격한 구두시험을 통해 열 명의 승려 중 두세 명만 합격할 정도로 입학 경쟁이 치열했는데, 현장은 외국인으로는 최초로 학장급에까지 오르는 기염을 토하게 된다. 현장이 당나라에서 인도로 불교공부를 위해서 떠날 때, 나란다의 명예총장 격이었던 고승 실라바드라(계현)는 당시 풍통으로 고통 받다가 스스로 명상을 통해서 열반하려고 시도한다. 그러나 그때 미륵보살이 나타나서 중국에서 가르침을 받을 사람이 출발했으니, 열반을 미루고 가르침을 주라고 했다고 한다. 실로 전설적인 일화가 아닐 수 없다.

사실 나란다가 동아시아에 널리 알려진 것은 살아서 신화화되는 인물인 현장의 역할 때문이다. 인도불교에서 나란다는 오란다푸티와 비크라마쉴라와 더불어 3대 사원이었다. 그런데도 동아시아에서는 나란다만이 유독 명성을 떨치고 있을 뿐이다.

현장은 도교를 우대하던 당나라 태종을 불교로 바꾸어 당에서 불교가 꽃필 수 있는 기반을 마련한다. 또 우리나라의 원효와 의상 역시 현장 문하에서 수학하기 위해서 유학을 감행했을 정도로 현장은 당시 최대·최고의 지식인이자 세계인이었다. 이런 현장의 나란다 강조는 동아시아에 나란다가 깊숙이 각인되는 이유가 된다.

신라인 출신으로 당의 수도인 장안에 주석하던 혜초 역시, 이같은 인식 속에서 인도로 가게 된다. 그러나 혜초는 『왕오천축국전』 안에서 나란다의 인근을 지나쳤음에도 나란다에 대해서는 일체 기록을 남기지 않고 있다. 이를 현대의 학자들은 당시 외국인 특별전형이 없던 나란다의 입학시험에서 혜초가 낙방했기 때문이라고 말하고는 한다. 큰스님이 삐쳐서 고의로 기록을 누락했다는 것은 생각만 해도 재미있다.

또 고려 말 인도에서 티베트를 거쳐 온 승려 지공은, 양주 회암사를 인도의 나란타사와 지형지세가 같은 절이라고 칭찬했다. 이는 이후 회암사가 고려 말과 조선 초에 걸쳐서 최대의 사원이 되며, 이성계가 상왕으로 머물 때 제2의 왕궁 역할을 하게 되는 동인이 된다. 즉 인도의 나란다는 우리와도 결코 무관하지만은 않은 것이다.

나 란 다 의 명 칭 유 래

나란다의 뜻은 시무염(施無厭)으로, 해석하면 '베푸는 데 싫어함이 없이, 한 없이 모든 것을 베푼다'는 의미이다. 이러한 명칭의 유래와 관련해서 현장은 두 가지를 기록하고 있다. 첫째는 나란다 남쪽의 연못에 사는 용의 명칭을 딴 것이라는 것, 둘째는 전생에 붓다가 이곳에서 살았던 적이 있는데 당시 아낌없이 베풀어주었기 때문이라는 것이다. 이와 같은 일반적인 기록과 종교적인 기록의 두 가지가 있을 경우, 일반적인 기록이 선행해서 타당성을 가지며 후일 종교적으로 윤색되어진 것으로 이해하는 것이 올바르다. 그러므로 나란다의 명칭은 이 지역과 관련된 용, 즉 나가신앙에 의한 것임을 알 수 있다.

그런데 이 용은 성질이 난폭하고 변덕스러운 일반적인 용의 성격과는 달리, 가뭄 없는 연못의 항상한 물을 통해서 주변의 농사에 많은 이익을 베풀어 준 것으로 판단된다. 그러므로 긍정적인 인식을

● 아직도 발굴이 끝나지 않은 나란다 대학의 유적군. 거대하다는 수식이 잘 어울리는 사원이다.

가진 신앙대상이 되었고, 사원의 건립과 관련해서 자연스럽게 용의 명
칭이 차용된 것으로 이해된다.

붓 다 의 탑 이 제 자 의 탑 이 되 다

나란다와 관련해서 가장 주목되는 유적은 대스투파이다. 이 탑과 관련
해서 일반적으로 알려져 있는 내용은 붓다의 수제자인 사리불의 탑이
라는 것이다. 그러나 현장의 기록에는 사리불 탑에 대한 이야기가 없

● 나란다의 대스투파 유적. 주변으로 윗부분이 파괴된 작은 스투파들의 모습이 확인된다.

다. 나란다의 대탑이 사리불탑이라고 하는 것은, 나란다의 인근에 붓다의 수제자이자 평생을 함께했던 친구인 사리불과 목건련의 고향과 열반의 장소가 있기 때문이다. 실제로 현장은 나란다에서 3~4리 떨어진 곳에 목건련의 고향과 열반지가 있고, 여기에서 다시금 23~24리를 가면 사리불의 고향과 열반지가 있다고 기록하고 있다. 이러한 측면이 사리불의 위상과 결부되어 나란다의 대탑이 사리불탑이라는 이야기가 만들어진 것이다.

　　그러나 나란다가 거대한 사격을 갖추게 되는 것은 5세기인 굽타왕조의 제일(帝日) 왕에 의해서 대승불교 사원으로 거듭나면서부터

나란다의 낙조.
새들도 돌아가고 쓸쓸한
승원만이 천년의 세월을
이고서 남는 때이다.

이다. 그러므로 대승에서는 소승불교로 지탄받는 사리불의 탑이 이곳에 거대한 크기로 위치할 필연성은 존재하지 않는다.

　　이 탑과 관련해서 의정은 『남해귀기내법전』에서 석가모니가 이곳에서 3개월간 설법한 것을 기념하기 위한 것이라고 적고 있다. 현장 역시 이 내용을 기록하고 있기는 하지만, 대탑에 대해서는 언급하지 않고 있다. 현장과 의정의 기록을 토대로 볼 때 이 대탑은 석가모니의 3개월 설법을 기념하기 위해서 건립되었다는 것을 유추해 볼 수 있다. 실제로 나란다의 대탑은 발굴된 유적의 가운데에 위치해 있는 것이 아니라 한쪽 구석에 치우쳐 있다. 이는 이 탑이 나란다를 구성하는 핵심이 아니고, 후대에 부가된 가치라는 것을 분명히 해준다. 또 이런 점에서 우리는 붓다의 3개월 설법 역시 나란다가 번성하면서 종교적인 성스러움이 입혀지는 과정에서 부가된 것이 아닌가 하는 추정을 조심스럽게 해 볼 수 있게 된다. 즉 나란다의 번창과 붓다와의 연결고리 확보가 후대에 대탑으로 완성되었을 개연성이 있다는 말이다.

　　오늘날도 많은 사람들은 나란다로 간다. 그러나 그곳 대탑의 의미를 알지는 못한다. 그렇지만 한 번만 '왜 이 거대한 탑이 유적의 한쪽 구석에 치우쳐져 있는가?'를 생각한다면, 우리는 보다 사실에 근접한 풍요로운 사색의 정원을 거닐 수 있게 된다. 현재와 같이 과거의 유적을 보는 데 있어서도 '왜?'라는 시각은 그렇게 유효한 것이다.

인도인들은 완전한
존재는 형상으로 표현할 수
없다고 생각했다.
이는 불상이 그리스문화의
영향을 받아 기원전후가
되어서야 만들어지는
이유가 된다. 붓다가
사라지고 500년 뒤에나
만들어지는 불상.
그곳에는 많은 혼란이
있었다. 살인미소를 날리는
불상과 이팔청춘의 젊고
역동적인 불상.
우리의 생각과는 너무도
다른 불상의 이야기가
펼쳐진다.

에피소드 불상

3

부처님은 삭발을 했다. 그런데
불상을 보면 파마머리를 한 형상으로
되어 있다. 이런 언밸런스를 우리는
어떻게 이해해야 할까? 또한 하루에
한 끼만 드신 부처님이 비대한
살집의 불상으로 표현되는 것도
여간 흥미로운 일이 아니다. 도대체

무엇을 말하려고 하는 것일까?
분명 그곳에는 2차대전 때의 독일군
암호와 같은, 흘겨봐서는 보이지
않는 그 무엇이 존재하고 있다.
이것을 푸는 것은 분명 재미있는
지적인 만족과 유희가 될 것이다.
내가 직접 본 미술작품 중에서

〈모나리자〉만큼 실망스러운 경우는
없다. 루브르박물관에 걸려 있는
〈모나리자〉는 생각보다 작은데,
여기에 근거리 접근을 차단한
바리케이트는 이를 더욱 왜소하게
만들기에 충분하다. 더구나 나는
〈모나리자〉의 주인공이 미인이라는
데도 동의할 수 없다. 이것이 과연
나의 잘못된 판단일까? 그러나
미(美)라는 것은 주관적인 것이며,
그렇기 때문에 모두가 동의할 수
없는 것이 아닌가!
사실 모든 가치관이란 시대의 흐름에
따라 바뀌고 변모되는 것일 뿐이다.

이는 불상도 마찬가지이다. 그것은
시대와 배경문화의 영향으로부터
결코 자유로울 수 없다. 불상 역시
세월의 흐름을 따라 변모한다.
그래서 때로 불상은 콧수염과 상투가
있다가 사라지기도 하고 또 미소를
머금기도 했으며, 때론 샌들을
신어서 엄지발가락과 검지발가락
사이가 벌어지기도 한다. 이 모두가
시대적인 요청의 반영인 것이다.
이러한 인식 속에서 불상을 본다면,
우리는 훨씬 흥미로운 시각을
확보하게 된다.
물론 이러한 다양한 변화들
속에서도, 불상이라는 종교적인
존상이 가지는 성스러운 의미는
그대로 존재한다. 다만 나와 같이
〈모나리자〉의 아름다움을 부정하는
사람도 있는 것처럼, 성스러움의
기준이 변화하는 것을 따라서 불상
역시 그렇게 세월을 타고 흘러가고
있는 것이다.

탑에
더부살이 하고
있는 불상

● 아잔타 석굴의 제10번굴. 불상보다 기원이 빠른 탑만이 모셔져 있다. 심플하면서도 소박한
장엄미를 잘 살리고 있다. 원래는 채색이 되어 있고 탑의 꼭대기와 천정에는 화려한 목조장식이
있었으니, 과거 모습은 눈에 보이는 것처럼 단순한 구조만은 아니었다.

붓다의 사리탑은 당연히 붓다가 열반하신 후 화장하여 수습된 사리로 만들어진다. 그러니 붓다보다 빠를 수 없다. 그러나 붓다의 기념탑은 붓다가 깨달은 직후에 만들어진다. 붓다의 기념탑이란 붓다를 기리는 탑을 의미하는 것으로, 요즘으로 치면 동상쯤으로 이해하면 될 것이다.

붓다가 부다가야에서 깨달음을 얻은 후 14일 안에 제위와 파리라는 대상(隊商)을 만나게 된다. 당시 대상들은 산적이나 강도 등에게 재물과 목숨을 빼앗길 수 있는 위험에 노출되곤 하였기 때문에, 이들은 붓다에게 자신들의 안전을 지켜줄 수 있는 일종의 부적과 같은 수호물을 요청하였다. 이때 붓다는 당신의 손톱과 머리카락을 주신다. 이후 이들은 말 그대로 대박을 터트리게 된다. 그래서 제위·파리는 금의환향해서 고향에 붓다의 기념탑을 세우기에 이른다.

예전에는 버마였던 미얀마의 양곤에는 둘레 426m 높이 100m에 달하는 거대한 쉐다곤 파고다가 있다. 미얀마에서는 이 탑이 제위·파리가 모신 최초의 불탑이라고 주장한다. 그런데 애석하게도 제위·파리는 서북인도의 발흐 사람이었다. 즉 인도 동쪽에 위치한 미얀마와는 정반대쪽의 사람인 것이다. 현대 미얀마인들의 종교적인 거짓말은 7세기 현장의 『대당서역기』를 통해서 낱낱이 폭로되는 것이다. 오늘의 거짓을 어제의 과거가 폭로한다는 것은 보통 웃기는 일이 아니다.

『증일아함경』 등을 보면, 불상의 최초 조성 시기가 나온다. 붓다가 살아계셨을 때 자리를 오래 비우게 되자, 붓다를 그리워한 우전왕에 의해서 처음으로 불상이 만들어졌다고 한다. 그러나 붓다는 진리를 주장하는 분이지, 당신을 숭배하라고 말씀하는 분이 아니다. 즉 초기불교에서 붓다는 우리를 진리로 인도하는 최고의 가이드에 다름 아닌 것이다. 그래서 불교에서는 오늘날까지도 붓다를 '도사(導師)' 즉 인도자라고 부른다. 한국불교 역시 사찰에서 조석으로 예불할 때, '삼계도사(三界導師)' 운운하는 것은 바로 이러한 전통에 따른 것이다.

불상이 붓다시대에 만들어졌다고 기록되어 있는 것은, 불상을 선호하는 신앙그룹에서 불상의 당위성을 세우기 위해 의도적으로 왜곡한 결과이다. 역사적으로 불상이 만들어지는 것은 불교가 종교화된 훨씬 이후인 기원 전후 그리스인의 영향에 의한 것이다. 인도는 기원전 4세기 마케도니아의 알렉산더군에 의해 침략을 받는다. 이후 서북인도에는 그리스의 영향이 남게 되는데, 이들이 후일 불교를 믿게 되면서 자신들의 신상을 만드는 전통에 의해서 불상을 만들기에 이른다. 즉 불상은 인도가 아닌 그리스라는 외래문명의 소산인 것이다.

그리스문화에 의한 불상 조각은 지금의 파키스탄 간다라에서 시작된다. 이것이 바로 간다라불상이다. 간다라불상은 언뜻 보면 아름다워 보이지만, 사실은 그리스문화에서 보면 먼 이역 지방의 삼류 조각일 뿐이다. 마치 수덕사 대웅전이 고려 건축의 백미라고 하지만, 사실은 개경이라는 수도에서 보자면 멀리 떨어져 있는 산간벽지의 삼류 건축물인 것과 같다고 하겠다.

불상은 당시 팽창하던 불교시장에 가장 핫한 아이디어 상품이 되면서, 일거에 불교문화를 장악하게 된다. 그래서 인도내륙의 마투라에서는 인도식의 짝퉁인 마투라불상이 만들어지기에 이른다. 애플의 아이폰과 삼성의 갤럭시 정도를 생각하면 되겠다.

탑 의 시 장 에 끼 어 든 불 상

불상이 만들어지는 기원 전후, 불교신앙의 유형적인 중심은 탑이었다. 그런데 탑의 상징성과 밋밋함을 구체적인 형상인 불상이 빠른 속도로 잠식하면서 불교신앙구조에는 일대 신앙변화가 나타나게 된다. 마치 위패 중심의 제사 상차림에 사진이 보편화되면서 급속하게 사진 중심으로 이행하는 것과 같다고 이해하면 되겠다. 그러나 사진에 더 마음이 가도 전통적인 위패 중심을 부정할 수는 없다. 이것이 위패를 중심으로 하면서 그 옆에 사진이 놓이는 구조를 만들게 된다.

탑과 불상도 이와 같은 양상을 연출한다. 그래서 처음에는 거대한 탑을 배경으로 불상은 그 앞에 자그마하게 아로새겨지게 되는 것이다. 이때만 해도 불상은 그 탑이 누구의 탑인지를 나타내주는 광고

엘로라 석굴 제10번굴의
탑 앞에 위치한 거대한 불상의 모습.
탑의 많은 부분을 잠식했기 때문에
불상광배 뒤의 탑이 정확하게
분간되지 않을 정도이다.

판과 같은 역할을 하고 있을 뿐이다. 그런데 이것이 점차 불상 쪽으로 무게중심이 옮겨지며 불상의 크기가 점점 커지게 된다. 그러다가 마침내는 거대해져서 탑으로부터 독립하기에 이른다. 즉 불상이 충분한 자생력을 가지게 되면서 탑과 같이 가야만 하는 필연성이 사라지게 되자 결별하는 모습이 나타나는 것이다. 이와 같은 결별은 이후 상황이 역전되면서, 오늘날 한국불교의 사찰에서 불상을 모신 전각 앞에 탑이 장식물처럼 위치하는 상황으로까지 전개되기에 이른다. 즉 굴러온 돌이 박힌 돌을 파낸 전형적인 경우가 불교에서는 바로 탑에서 불상으로의 변화인 셈이다.

아잔타 석굴 제19번 굴.
탑 앞 작은 감실 안에 들어서
있는 불상. 당시의 신앙 중심이
탑이었다는 것을 알게 해준다.

사르나트에서 출토된 붓다의
첫 설법을 묘사한 불상.
사르나트 양식의 불상으로
사르나트 박물관에 소장되어
있으며, 세계에서 가장
아름다운 불상으로 평가된다.

세상에서
가장 아름다운
불상에 새겨진
꼬마아이

불상도 인물이 좋아야 한다

『당서(唐書)』에 따르면, 중국 당나라 때 관리를 선발하는 기준은 '신(身)·언(言)·서(書)·판(判)'이라고 한다. 즉 얼굴과 풍채가 좋은 게 으뜸이고, 그 다음이 말 잘하는 것. 그리고 글 솜씨와 판단력은 그 다음이라는 의미이다. 즉 요즘이나 예전이나 그저 얼짱과 몸짱이 첫째인 것이다. 더 웃긴 건 불상도 인물 즉 상호가 좋아야 더 신앙심이 깊어진다는 점이다. 불상 역시 인간의 관점에서 판단될 수밖에 없기 때문에, 무조건 근엄하며 잘생기고 볼 일이라는 말이다.

우리나라에서 가장 기품 있으면서 잘생긴 불상은 단연 석굴암 본존불이다. 또 중국은 낙양 용문석굴의 봉선사 노사나불이 으뜸이다. 두 분 모두 잘생긴 동시에 신품(神品)의 종교조각에서 나타나는 깊은 아우라가 느껴진다. 그래서 보고만 있어도 예배자로 하여금 알지 못할 종교적인 환희와 외경심이 솟아오르도록 한다.

그러나 아름다움으로만 따진다면, 이들 불상은 인도 사르나트에서 출토된 바라나시 양식의 초전법륜상을 따라갈 수 없다. 초전법륜상은 붓다가 깨달음을 얻은 뒤, 사르나트까지 걸어와서 다섯 제자에게 첫 설법을 하는 모습을 새긴 불상이다. 이 불상은 현재 사르나트 박물관에 모셔져 있는데, 가장 이해가 안 되는 것은 사진촬영을 철저히 금한다는 점이다. 아잔타석굴의 회화작품은 사진촬영이 허용되면서, 채색도 되어 있지 않은 석조불상을 촬영금지 한다는 것은 인도의 아이러니한 야만이라고 하겠다.

불 상 에 도　얼 짱　각 도 가　있 다

석굴암 본존상이나 봉선사 노사나불은 거대하기 때문에 어떤 각도에서도 올려다 볼 수밖에 없다. 그러나 사르나트의 초전법륜상은 보통 우리네 모습보다도 작은 불상이다. 그렇다보니 불상을 여러 각도에서 볼 수 있게 되고, 보는 각도에 따라서 보이는 상의 모습이 달라지게 된다. 즉 얼짱 각도가 큰 비중을 차지하는 것이다.

　　　불상에 무슨 얼짱 각도냐고 할지 모르지만, 사실 인물상에는 회화에도 얼짱 각도가 있다. 더구나 불상과 같이 입체나 고부조인 경우는 더욱 그렇다. 즉 불상을 잘 보는 각도가 존재하는 것이다. 이 각도에 맞춰야 불상의 정확한 아우라를 느낄 수 있다. 즉 원작자가 의도한 뽀샵과 마주하게 되는 것이다. 이때 관찰자는 더 깊은 종교심에 휩싸이게 된다.

　　　사실 박물관이나 미술관의 가장 큰 문제는 이와 같은 얼짱 각도를 고려하지 않고 관람자의 시선이 편한 것만을 고려해서 작품을 전시한다는 점이다. 이는 종교미술의 작품의도를 훼손하는 것으로 문화를 가장한 미개함일 뿐이다.

붓다의 첫 설법을 나타내는
불상은 손을 가슴에 모으고 있고,
좌대 중앙의 법륜을 사이로 좌우에
사슴이 표현되어 있다는 것이
특징이다. 이는 녹야원이라는
사슴동산에서의 첫 설법을
상징하는 것이다.

● 붓다의 첫 설법 대상들이 새겨져 있는 좌대의 확대도. 5명의 승려와 1명의 여성 그리고 짝발을 짚고 딴 짓을 하는 듯한 어린아이까지 총 7명이 새겨져 있다.

배 꼽 티 가   아 니 라   쫄 티 랍 니 다

사르나트 초전법륜상은 종교 존상이 갖추어야 할 근엄함보다는 아름다움이 앞선다. 이건 종교미술의 대상으로서는 낮은 점수를 받는 부분이다. 그러나 그럼에도 세세하게 보이는 묘사는 보는 사람에게 흥미를 자아내게 하기에 충분하다.

　　　먼저 불상은 복잡한 모양의 손 모양을 하고 있는데, 이를 전법륜인(轉法輪印)이라고 한다. 불상은 생김새로는 구분이 안 되기 때문에 손 모양으로 누구이며 무엇을 하는 모습인지를 판단하게 된다. 전법륜인은 최초로 설법하는 것을 상징하는 것이다. 오른손은 엄지와 검지를 원으로 맞댄 모습이 쉽게 확인된다. 그러나 왼손이 복잡한데, 자세히 보면 왼손의 엄지와 검지 외에도 무명지를 맞대고 있는 것이 확인된다. 이것이 전법륜인만의 매우 특수한 손 모습이다.

또 손아래로는 배꼽이 보이는데, 이는 배꼽이 노출된 것이 아니라 매우 얇은 실크스카프 같은 옷(사라)을 입어서 속살이 비치는 것이다. 무더운 인도 기후를 고려해야 이해될 수 있는 부분이다. 즉 배꼽이 보이는 이유는 배꼽티가 아닌 투명한 쫄티를 입었기 때문이다.

이 불상에서 진짜 재밌는 건 불상을 받치고 있는 좌대 부분이다. 여기에는 중앙에 수레바퀴 모습의 법륜이 새겨져 있는데, 이는 '붓다의 가르침이 계속 된다'는 의미와 '모든 삿된 가르침을 조복 받는다'는 뜻을 내포하고 있다. 또 그 옆으로는 사슴 두 마리가 있는데, 사르나트가 녹야원 즉 사슴이 뛰어노는 동산이기 때문이다. 여기에서 나타나는 바퀴와 사슴 두 마리는 티베트불교의 상징 마크이기도 하다.

양쪽의 사슴 주위로는 사람들이 조각되어 있는데, 이들은 붓다의 첫 가르침을 들은 다섯 명의 비구 즉 남자승려들이다. 그런데 숫자를 헤아려보면 총 6명이라는 것을 알 수 있다. 그런데 헤어스타일을 자세히 보면 다섯 명은 머리카락이 없다는 점에서 승려라는 것을 알게 된다. 그러나 왼쪽 끝의 1명은 파마머리와 같은 올림머리를 하고 있는 것이 보인다. 즉 이 사람은 승려가 아닌 재가인 즉 신도인 것이다. 즉 5비구와 1명의 신도라는 말이다. 더구나 이 신도는 여성인데, 이를 알 수 있는 게 봉긋한 가슴과 왼쪽 맨 구석에 작게 파손되어 있는 어린아이의 존재이다. 즉 여기에는 전혀 의외인 제7의 인물이 존재하는 것이다. 이 아이의 존재를 통해서 우리는 아이를 데리고 온 여성신도의 존재를 알 수 있다. 또 이 아이는 짝발을 짚고 서 있는 모습으로 다른 이들이 경건하게 합장한 채 붓다를 향하는 모습과는 사뭇 다른 자세를 보이고 있다. 즉 어린아이의 자유로운 모습이 묘사되어 있는 것이다. 이 불상의 숨겨진 백미는 바로 이 부분이다. 감히 누가 붓다 앞에서 짝발을 짚을 수 있겠는가? 그는 바로 어린아이인 것이다.

아이를 대동하고 온 여성은 경전에 나타나는 인물은 아니다. 실은 이 여성이 불상의 조성을 후원한 신도이다. 즉 붓다와 5비구라는 과거의 역사적인 사실 속에 후대에 불사를 후원한 인물이 아이와 함께 타임머신을 타고 들어가 있는 것이다. 이렇게 놓고 본다면, 이 불상은 아름다움과 재미가 함께 공존하고 있다는 것을 알 수 있다.

불상에서
시작된
파마머리와
살인미소

붓다는 오늘날의 승려들처럼
머리를 깎았다. 그러나 불상을
만드는 과정에서 착오가
발생해 파마머리가 된다.
지금은 너무도 익숙한 불상의
헤어스타일이 실제로는 실수가
빚은 결과였던 것이다.

불상을 조금이라도 자세히 본 사람이라면 불상이 파마머리를 하고 있다는 것을 알게 된다. 즉 파마의 시조는 바로 불상인 것이다. 그런데 불상이 파마머리를 하게 된 데는 아주 기막힌 사연이 있다.

불상은 그리스인이 처음으로 만든 새로운 문화이다. 물론 인도에는 인더스 문명 시대부터 신상이나 제사장을 조각하는 문화가 있었다. 그러나 불교에는 완전한 붓다는 형상으로 표현할 수 없다는 생각이 존재했다. 즉 완전한 가치는 특정한 구체적인 모습으로 형상화할 수 없다는 무형상주의, 이것이 인도불교의 불상 탄생을 막고 있었던 보이지 않는 힘이었던 것이다. 그러므로 서북인도의 그리스문화에서 불상이 만들어졌어도, 인도 내륙의 불교에서는 이를 수용하는 데 있어 반발의 움직임이 있었다. 그래서 절묘한 타협점으로 대두된 것이 바로 붓다가 되기 전 싯다르타의 모습을 형상화한다는 것이다. 즉 깨달음을 얻은 완전한 붓다는 형상으로 만들 수 없지만, 깨닫기 이전의 청년 싯다르타는 가능하다는 논리이다.

그런데 당시 인도의 젊은이들은 청년기에 주변머리를 모두 밀어 버리고 가운데 머리만 상투를 트는 특이한 헤어스타일을 했다. 마치 황비홍의 머리처럼 그 문화권만의 특수한 형태를 생각하면 되겠다. 그런데 주변머리를 밀어버리고 가운데만 섬처럼 남긴, 즉 속알머리와 반대되는 상황에서 상투를 틀게 되니 자연스럽게 똥머리가 만들어지게 된다. 이렇게 해서 우리는 현존하는 가장 오래된 똥머리 유물을 초기의 마투라불상에서 확인해 볼 수 있다. 즉 파마머리와 더불어 똥머리의 기원도 불상에서 살펴지는 것이다.

결 과 는 파 마 머 리

붓다는 요즘의 스님들처럼 삭발을 했다. 그런데 똥머리의 불상이 만들어지게 되니, 잘 모르는 사람들은 붓다가 상투를 튼 것이 아니냐는 생각을 하게 된다. 오늘날처럼 정보가 공개되고 인터넷이나 스마트폰을 통해서 누구나가 쉽게 접근할 수 있다면 이런 오해의 문제는 없을 것이다. 그러나 정보가 극히 제한되던 고대에 이와 같은 복잡한 판단을 한다는 것은 쉬운 일이 아니었으며, 이는 도미노처럼 또 다른 오해들을 불러오게 된다.

거짓말이 거짓말을 낳는 것처럼, 한 번 얽힌 실타래는 복잡한 방향으로 전개된다. 그래서 똥머리 불상에서 시작된 문제는 똥머리를 포기할 수도, 그렇다고 머리를 깎았다는 측면 때문에 똥머리를 유지할 수도 없는 빼도 박도 못하는 상황에 직면하게 된다. 그 절충안이 바로 머리카락이 있는 것 같기도 하고 없는 것 같기도 한, 작은 똥머리들의 군집인 파마머리로의 개변이다. 이렇게 되니 매우 신비하고 이채로운 형상의 불상이 탄생하게 된다. 이것은 일견 말도 안 되는 불상의 전개

살인미소를 머금고 있는
간다라 불상의 입맵시.
경건함에 반하는 반전매력을
보이고 있어 흥미롭다.

이다. 그러나 붓다는 우리와 뭔가 다를 것이라는 생각에서, 이러한 얼토당토 않는 전개는 오히려 종교적인 성스러운 인식으로 변모하게 된다. 그 결과 후대의 불상 형상을 규정하는 법식이 되는 32가지 기준인 32상에는, 붓다의 머리카락과 관련해서 '나발우선(螺髮右旋)' 즉 오른쪽으로 휘돌아 있는 작은 똥머리들로 되어 있다는 내용이 기록되게 된다. 이는 표현할 수 없는 대상을 억지로 표현하는 과정에서 발생한 웃지 못 할 고뇌의 결과라고 하겠다.

살 인 미 소 의   불 상

불상이 제작되면서 발생하는 문제에 살인미소를 날리는 간다라불상의 측면도 있다. 그리스인들은 불상을 중년의 모습으로 표현했다. 이는 인도 내륙의 마투라인들이 불상을 청년 싯다르타의 모습으로 표현한 것과는 완전히 다르다. 그리스인들은 신앙과 존중의 대상인 불상을 젊게 만든다는 데 거부감이 있었다. 또 이들은 그리스문화에 입각해서 불상도 으레 만들 수 있다고 생각했기 때문에, 굳이 깨달음 이전의 싯다르타를 조각할 필요나 이유도 없었다. 그렇게 해서 간다라불상은 40대의 콧수염이 있는 모습으로 만들어지게 된다.

그런데 오늘날의 스님들을 봐도 알 수 있지만, 불교는 머리와 수염을 모두 깎는다. 이 문제는 불교가 동아시아로 전래하면서 엄청난

문화적 충격을 줬던 부분이기도 한데, 오늘날까지도 유지되는 불교문화의 핵심 중 하나이다. 서북인도의 그리스인들은 불교를 믿기는 해도 이런 인도문화와 관련된 상황을 잘 몰랐다. 그렇다보니 불상에 콧수염을 조각한 것이다. 그러나 후일 서북인도 불교가 발전하면서 바로 이 부분이 문제가 된다. 그렇게 해서 간다라불상은 수염을 포기해야 하는 상황에 직면한다. 그러나 그 기간 동안 수염 있는 불상도 나름의 전통을 형성하고 있었기 때문에, 이와 같은 양식을 하루아침에 없애버릴 수는 없었다. 그래서 수염을 없애는 과정에서 안젤리나 졸리의 입술처럼 입술이 살짝 말려올라가는 방식을 사용하게 된다. 이럴 경우 수염이 있다고 보는 사람은 입술이 수염처럼 보이게 되고, 수염이 없다고 보는 사람은 그저 입술처럼 보이게 되므로 문제가 해결된다는 것이다.

그런데 이렇게 되자 이번에는 불상이 잔잔하게 웃는 것 같은 미소를 머금은 모습이 되고 말았다. 여기에 그리스 신상조각에서 나타나는 아르카익 스마일이 결합되며, 그야말로 살인미소를 날리는 불상이 만들어지게 된다. 종교의 예배대상이 살인미소를 날린다는 건 친근한 동시에 어색하다. 결국 살인미소의 불상은 한 시대를 풍미하다가 경직된 근엄함으로 정형화되기에 이른다. 그러나 어찌 생각해보면, 현대에는 다시금 살인미소의 불상이 더 맞는 것이 아닐까 하는 생각이 들기도 한다.

아잔타 석굴의 불상부조들. 중앙으로 모아져 있는 손가락 사이에 거위의 발과 같은 물갈퀴가 표현되어 있다.

부처님 손에는
물갈퀴가
있었다?

불상에서 가장 중요한 부분은 단연 얼굴이다. 그 다음이 신체비례인데, 이는 전체적인 흐름이라는 눈에 잘 보이지 않는 여유롭고 풍부한 구조를 만들어 낸다. 이렇게 말하고 보니 결국은 얼짱과 몸짱이라는 의미와 통하는 것 같아 왠지 씁쓸하다.

그런데 불상에는 이 외에도 일견 중요하지 않은 듯하면서 어려운 부분이 있는데, 그곳이 바로 손이다. 붓다란 번역하면 각자(覺者)로, 이는 깨달은 분을 지칭하는 대명사이다. 그렇다보니 붓다라는 범주 안에는 석가모니불·아미타불·미륵불 등 많은 개별적인 붓다들이 존재하게 된다. 그런데 이 불상의 구분이 바로 손 모양을 통해서 이루어진다. 즉 불상에 있어서 손 모양은 이름표와 같은 것이다. 또 손 모양은 그 불상이 현재 무엇을 하고 있는지를 나타내는 경우도 있다. 예컨대 전법륜인이 붓다가 최초의 설법하는 모습을 나타내주는 것처럼 말이다. 즉 불상의 손 모양은 불상의 고유성을 결정한다는 데 있어서 매우 중요한 것이다. 또 손이라는 것이 자칫 밋밋해지기 쉬운 상체에 리듬감을 준다는 부분에서도 손은 미적으로 상당한 의미를 확보한다.

그러나 손은 섬세하고 유려해야 하기 때문에 생각보다 조각하기 어렵다는 문제가 있다. 그래서 동불상을 만들 때는 국보 제28호 백률사 금동불입상에서처럼 별도로 손을 제작해서 삽입하는 방식이 사용된다. 또 목불과 같은 경우는 여기에 나무 결의 문제까지 가세하기 때문에, 몸과 붙어 있지 않은 손 같은 경우는 100% 별도 제작해서 끼워 넣는다. 그래서 자칫 부처님과 악수하다가는 손이 딸려 나오는 공포영화와도 같은 진기한 경험을 하게 될 수도 있다.

붓다의 손발은 거위왕과 같다?

돌조각의 경우는 손을 따로 만들어서 끼워 넣거나 하는 방식을 사용할 수 없다. 이는 손가락 조각이 매우 어렵다는 것을 의미한다. 여차해서 힘 조절이 잘못돼 손가락이 날아가기라도 하면 말 그대로 도로아미타불이 따로 없다. 또 가슴에 모으고 있는 손은 가장 훼손되기 쉬운 취약한 부분이다. 이 외에도 불상을 석판과 같은 돌 위에 부조로 돋을새김을 할 경우[佛碑像], 앞으로 넘어지거나 하게 되면 손이 파손된다. 이런 여러 가지 문제들을 불상을 만드는 석공들은 가장 먼저 절실히 인지했다.

그래서 간다라와 마투라의 장인들은 이와 관련해서 각기 해법을 제시하기에 이른다. 먼저 간다라가 취한 방식은 손가락을 모두 붙여버리는 물갈퀴 방법이었다. 오리발을 생각하면 쉽다. 즉 손가락을 독립시키는 것이 아니라 얇은 막과 같은 구조로 연결시키는 방식을 택해서 위험 부담을 최소화하고 파손의 우려를 축소시키는 것이다. 이와 같은 고심에는 인도의 석질이 무른 것도 한 영향을 미친다. 아무래도 석질이 무를 경우는 손가락 파손의 위험도가 증대할 수밖에 없기 때문이다.

그런데 이런 보완의 결과는 그 누구도 예상하지 못한 실로 놀라운 종교적 오해를 파생하게 된다. 오리발과 같은 손을 가진 불상을 본 사람들이 붓다는 손이 붙은 거위왕과 같다고 떠들고 다녔기 때문이다. 진짜 웃기지도 않은 황당한 상황인데, 이것은 오히려 붓다를 신비화하는 양상으로 발전·전개된다. 덕분에 불상의 조형원리인 32상에는 '수족망만(手足網縵) 유여아왕(猶如鵝王)'이라는 항목이 포함되기에 이른다. 즉 '붓다의 손발에는 피막이 있는데, 이는 거위왕과 같다'는 것이다. 이런 몹쓸 개그 같은 상황이 바로 불상의 제작과 관련해서 존재하고 있는 것이다.

마 투 라 의   해 결 책 ,   꽃 받 침

피막이 간다라 장인들의 해법이라면, 마투라 장인들은 화침(花枕)이라는 방식을 제시했다. 화침이란 꽃모양의 받침이라는 의미다. 즉 손 뒤에 꽃받침을 두어서 신체와 연결해 파손되지 않도록 고려한 것이다. 그러나 이런 표현이 있으면 불상이 뭔가 어색하게 되니까, 이를 꽃받침으로 꾸밈을 부여해 장식한 것이다. 그러나 이런 경우는 옆에서 보면, 마치 장풍을 날리는 듯한 형상으로 몸과 손이 붙어있는 것 같은 모

● 금동불상의 손은 별도로 나무로 만들어
끼워 넣곤 하였다. 통일신라시대 조성된 백률사
금동약사여래입상(국보 제28호)의 사라진
양손은 이와 같은 사실을 잘 나타내주고 있다.

● 거위 발처럼 손가락 사이를 피막으로 연결한
간다라불상. 그럼에도 오른손이 파괴되는 것을
막지는 못하였다.

● 항마촉지인을 취하고 있는 석굴암의 본존불. 항마촉지인은 붓다의 깨달음을 상징하는 것이다.
그런데 여기에는 불상의 손 조각을 쉽게 하면서도 손이 파손되는 것을 막는 측면도 존재한다.

습이 노출된다. 그렇지만 앞에서 보면 그렇게까지 거슬릴 정도는 아니다. 이런 점에서 본다면, 확실히 내륙인 마투라 쪽이 불상 표현에 있어서는 보다 정직하고 엄격했다는 것을 알 수가 있다.

인도불교의 석가모니불상은 거의 대부분 전법륜인에서와 같이 가슴에 손을 모으는 모습을 취하고 있다. 그러나 이것이 동아시아로 전래하면서 항마촉지인(降魔觸地印), 즉 손이 몸에 딱 붙어서 일체화되는 방식으로 바뀌게 된다. 여기에는 '붓다를 설법하는 주체로 봐서 청자인 나를 중심으로 붓다를 이해할 것이냐?' 또는 '붓다의 깨달음 자체를 존귀하게 여겨서 붓다를 중심으로 이해할 것이냐?'에 따른 인도문화와 중국문화권의 관점 차이가 존재한다. 그러나 이러한 변화에는 이와 더불어 불상의 파손과 표현의 어려움이라는 문제도 한몫한 것 역시 분명하다. 즉 목적이 수단을 낳기도 하지만, 때론 수단이 목적에 덧씌워지기도 하는 것이다.

상투머리에 오른 손은 꽃받침을
받친 마투라불상. 과장된
어깨표현이 젊음에서 오는
과도한 박력을 뿜어내고 있어
흥미롭다.

어깨에
뽕이 들어가
있는 불상

당신은 젊은 사람이 좋은가? 나이든 사람이 좋은가? 이 문제는 개인의 취향일 수도 있는 동시에 문화권에 따른 보편성이 확인되는 부분이기도 하다. 유목문화는 주기적으로 짐을 싸서 길을 헤치며 이동해 가야 하기 때문에, 젊은이에게 의존도가 높아 젊음을 선호하는 문화가 만들어지게 된다. 그러나 농경문화에서는 대가족을 이끄는 집안의 어른이 존재해야만 한다. 덕분에 노인에 대한 존중문화가 발생하는 것이다. 오늘날 우리사회는 전통적인 어른존중과 미국식의 유목문화가 충돌하면서, 점차 젊은 사람을 선호하는 쪽으로 무게 중심이 이동하고 있다. 덕분에 더 오래 사는 세상이 되었음에도 연예인의 데뷔연령은 더욱 낮아지고 인기수명도 짧아지고 있다.

그런데 이 문제가 종교적인 대상으로 옮겨가게 되면, 이때는 문제가 좀 더 복잡해진다. 젊음이라는 아름다움과 강렬함이 원숙한 지혜라는 종교적인 대상과 조화롭게 어울리느냐의 문제가 발생하는 것이다.

여기에서 간다라불상이 원숙함을 선택했다면, 마투라불상은 젊은 기백을 추구했다. 이와 같은 차이는 그리스문화와 인도문화의 숭배대상에 대한 관점 차이와도 연결된 것이다.

중년의 원숙함을 선택한 간다라불상은 그리스 조각 특유의 유연함과 화려함이 결합되면서 부드러운 카리스마의 불상 양식을 완성하게 된다. 이에 비해서 마투라불상은 젊고 강건한 면모를 발산하게 되는데, 특히 붉은색의 사암이 마투라불상의 강인한 모습과 조화를 이루면서 터프한 매력을 마음껏 발산하게 된다. 그 절정이 바로 어깨 표현과 손 자세이다.

마투라불상의 왼손은 왼다리를 짚고 있는데, 강함을 넘치게 표현하다보니 과도한 과장이 느껴진다. 특히 어깨에는 벽돌이 몇 장 들어간 듯한 모습이 있어, 일견 해학적이기까지도 하다. 또 오른 손은 위로 올려서 예배자의 인사를 받아주는 인도 아리안족의 인사법을 표현하고 있는데, 이 역시 한 번 해보자는 강렬한 기세가 느껴진다.

전체적으로 마투라불상은 종교의 존상에서는 볼 수 없는 강건하고 탄탄한 모습을 하고 있다. 그래서 우리가 익히 아는 사색적이고 고요한 불상과는 달리 전쟁영웅이나 개선장군과 같은 모습을 하고 있는 것이다.

마투라불상의 젊은 표현은 불상의 연령이 똥머리와 관련된 16세의 젊은이를 묘사하는 것과도 관련된다. 16세는 흔히 2·8청춘이라고 하듯이 가장 강건하고 활력이 있는 꽃의 시기이다. 또 이때는 돌도 씹어 먹는다는 말처럼, 기운과 의지가 넘치다 못해 폭발할 때이다.

● 중년의 귀족을 모델로 하고 있는 간다라불상. 마투라불상이 오른쪽 어깨를 드러낸 얇은 가사를 착용하고 있다면, 간다라불상은 양 어깨를 모두 덮은 두꺼운 가사를 착용한다. 이는 두 불상이 만들어진 곳의 기온 차이가 불상에 반영된 것이다.

그러므로 마투라불상이 16세의 불상이라는 점을 고려한다면, 이와 같은 표현도 이해 못할 바는 아니다. 즉 인도인들의 청춘예찬은 불상의 조형에서도 나름 멋들어지게 드러나고 있는 것이다.

중국의 선택

그리스는 일찍부터 해양문화를 꽃피웠지만 그 본류는 유목적인 전통에 있다. 그러므로 간다라와 마투라의 불상은 유목문화적인 대통합 속에서 결국 젊은 모습으로 완성된다. 붓다가 80년을 사셨다는 점을 고려한다면, 사실 나이든 모습의 조각도 충분히 가능하다는 점을 고려할 필요가 있다. 그럼에도 이들이 젊음을 선택한다는 것은 유목적인 문화배경이 이러한 선택을 지지했기 때문이라고 하겠다.

그러나 중국은 전통적인 농경문화 국가이다. 이는 젊은 불상이 중국문화권에서 환영받지 못한다는 것을 의미한다. 게다가 출가인은 수염과 머리를 모두 깎는데, 중국은 수염의 권위를 크게 보고 상투를 트는 문화를 가졌으니 불교의 전래가 파생한 문화적인 충격은 실로 대단했다. 실제로 중국불교의 초기문헌인 『홍명집』에는 이와 같은 문화적인 충돌양상이 잘 기록되어 있다.

오늘날에야 다양한 정보의 통로가 존재하기 때문에 문화상대주의나 다원주의라는 것을 이해하는 것이 어렵지 않다. 그러나 고대에 이를 요구하는 것은 용궁에서 불씨를 구하는 것만큼이나 어려운 일이다. 그렇다보니 중국으로 전래된 불상은 중국문화권에 적응하며 점차 늙어가면서 수염이 나타나게 된다. 동아시아의 불상들은 이렇게 나이를 먹으며 변화하는 것이다.

또 유목문화는 건강하면서도 군살 없는 체형을 선호하는데, 농경문화는 살집이 있는 후덕한 모습을 좋아한다. 그 결과 동아시아의 불상은 비만으로 변화하게 된다. 즉 성인병이 발생하기 좋은 비만의 나이든 불상의 신체구조는 동아시아의 선호에 의해서 완성된 모습인 것이다. 그럼에도 인도의 젊은 불상이라는 전통이 있기 때문에, 동아시아의 불상은 보톡스를 맞은 듯 주름 없는 후덕한 모습을 견지하고 있다. 즉 나이는 있어도 주름은 없는 것이다. 이는 인도문화의 동아시아적인 변형에 따른, 고뇌에 찬 불상 조성의 아이러니한 행보를 단적으로 말해주고 있다고 하겠다.

명상하는 붓다의 손 위로 깃든
투명한 햇살(나식 석굴).
오른손이 왼손 위로 올라와
있는데, 이는 왼손이 위로
올라가는 동아시아의 손 위치와는
반대이다.

불상의
왼손과
오른손

인도에서 유럽에 이르는 아리안족의 유목문화는 오른쪽을 중시하며, 특히 인도처럼 손으로 음식을 먹는 상황에서는 오른손과 왼손의 변별은 매우 뚜렷하다. 그래서 인도인들에게 오른손과 왼손은 상호보완의 좌우개념이 아닌 상하의 수직개념으로 이해해야 한다. 그렇기 때문에 불상의 손 모양에서 명상을 하는 선정인(禪定印)을 맺을 때, 오른손은 왼손 위로 올라간다. 또 붓다가 처음 태어나서 양손으로 각각 하늘과 땅을 가리키면서 '천상천하(天上天下) 유아위존(唯我爲尊)'이라고 했을 때에도, 당연히 오른손으로는 하늘을 왼손으로는 땅을 가리키는 모습이 된다. 이 외에도 비로자나불을 나타내는 손모양인 지권인(智拳印) 역시 오른손이 밖으로 나오는 모습을 취한다. 그런데 이와 같은 손 모습은 동아시의 좌측을 중시하는 문화구조와 충돌하면서, 혼란스러운 모습을 보이거나 심지어 역전되는 모습까지 나타나게 된다.

　　　　가장 대표적인 경우가 바로 선정인이다. 오늘날 동아시아의 사찰들에서 참선을 할 때는 인도와는 정반대로 왼손이 오른손의 위로 올라간다. 그리고 아무런 문제의식 없이 이것이 당연하다고 판단한다. 물론 문화에 있어서 옳음이라는 것은 없다. 그러나 이것이 단순한 문화가 아니라 종교문화라면, 최소한 원형에 대한 앎과 변화에 따른 문제의식은 있어야 하는 것이 아닐까? 이러한 부분마저도 완전히 침몰시킨 배경문화의 강력한 힘에 그저 외경(畏敬)을 보낼 뿐이다.

오른손을 중시하는 인도의 인사법에는 아랫사람이 인사를 하면 윗사람이 답례로 오른손을 들어서 내밀어 주는 것이 있다. 이건 아리안 문화에서 기인하는 것인데, 히틀러가 군중을 상대로 오른손을 뻗는 모습도 이와 같은 전통과 연결된 것으로 판단된다. 그래서 불상의 표현에는 오른손을 올려서 내민 모습으로 조각되어 있는 것들이 많이 남아 있다.

나는 이런 불상을 인사를 받아주는 친절한 불상이라고 표현한다. 선정에 잠겨서 수행만 하는 불상에 비해 얼마나 따뜻한 불상인가? 그런데 입상으로 표현될 경우 오른손을 내밀고 있는 것과 달리 왼손은 가사인 의복을 잡고 있는 것이 일반적이다. 인도는 기후적으로 무척이나 무덥고, 또 계절에 따라서는 일 기온차가 무척 심하다. 실제로 우리나라 사람들이 많이 찾는 겨울과 같은 경우 영상 5~30도를 오르내리는 날씨를 보이면서, 사람을 얼렸다 녹였다 하는 황태를 만들기 일쑤다. 이런 환경에서 발달하는 것이 바로 인도 의복이다.

인도 의복은 남녀할 것 없이 전체가 따로 재단하지 않은 긴 천과 같은 형식인데, 이것으로 몸을 김밥처럼 둘둘 마는 방식을 사용한다. 이런 것을 드레이퍼리(drapery)라고 하는데, 권의형(卷衣形)을 의미한다. 우리의 전통에 천의무봉(天衣無縫)이라는 표현이 있는데, 이는 하늘 옷은 기운 곳이 없다는 의미이다. 이로 인하여 일반인들은 이것이 신들의 날개옷을 의미하는 것으로 이해한다. 그러나 사실 이 말은 인도의 재단하지 않고 말아서 입는 의복문화가 불교를 타고서 동아시아로 전래되어 파생한 말일 뿐이다.

인도식의 의복은 시원할 뿐더러, 일기온차가 심할 경우에는 몸에 감는 방식을 달리해서 보온과 열발산에 보다 탄력적으로 적용할 수 있다. 석굴암 본존상은 오른 어깨와 가슴을 노출하고 있으며, 보물 제136호 경주 남산 미륵골 석불좌상은 양 어깨를 모두 덮고 있다. 이 두 불상의 대비를 통해서 의복문화의 차이를 보다 명확하게 확인해 볼 수 있다.

그런데 우리처럼 팔을 끼우는 방식으로 옷을 몸에 고착하는 방법이 아닌 두루마리형 의복은 자칫 흘러내릴 소지가 있다. 그래서 왼손으로는 옷의 한 쪽을 잡는 것이 일반적이다. 즉 오른손은 인사를 받는 것과 같은 자유로움이 있지만, 왼손은 옷을 잡는 붙박이형 구조가 나타나는 것이다.

가위 · 바위 · 보를 하고 있는 불상

왼손으로 옷을 잡는 것은 인도 의복에서는 일반적인 것이다. 그러나 동아시아의 의복구조에서 이러한 손의 역할은 당최 이해할 수 없었다. 그러므로 오른손은 앞으로 내밀어 인사를 받는 모습으로 표현되지만,

● 오른 손으로 공양물을 받는 붓다. 몸을 틀고서 대상을 향한 자세가 무척이나 친절해 보인다.
그럼에도 왼손으로는 가사를 꼭 말아 쥐고 있다.

●
내민 오른 손과 대비되는
가사를 쥐고 있는 왼손.

용문석굴 빈양중동의 북위시대 불상. 왼손이
가위와 같은 모습을 한 것이 확인된다.

백제의 미소로 널리 알려져 있는
서산마애삼존불의 왼손은, 실은 세 손가락만
펴져 있는 매우 어정쩡한 모습이다.

왼손은 허리춤에서 다소 엉거주춤한 형태로 묘사하게 된다. 그러다가
옷을 말아 쥔 왼손이 점차 펴지는 모습이 나타나게 된다. 용문석굴의
빈양중동 불상의 왼손은 마치 가위를 내는 듯한 모습을 보이고 있다.
이와 같은 양상은 국보 제84호인 서산마애삼존불상에 오게 되면 한
손가락을 더 펴서 마치 검결을 맺는 양상을 보이게 된다. 그러다가 더
후대로 오게 되면 아예 모든 왼손 전체를 펼치게 된다. 즉 불상의 왼손

은 인도의 옷을 말아 쥐는 주먹에서 시작해서 가위를 거쳐 마침내 보자기에 이른 것이다. 이렇게 해서 불상의 가위 · 바위 · 보는 완성된다.

　　오른손이 인도의 인사법에 입각한 보자기라는 점을 감안한다면, 가위·바위·보라기보다는 하나빼기를 하는 모습이 더 적절하다고 해야 할까? 그런데 이런 경우에는 두 손이 모두 보자기라면 이기기 힘들다는 생각이 들기도 한다. 즉 최종적인 불상의 손모양인, 두 손 다 보자기인 모습은 지는 붓다의 너그러움을 품고 있는 것이다.

발가락이
벌어진 불상

● 더운 기후의 인도에서는 조리를 많이 신는다. 덕분에 불상에는 엄지발가락 사이가 벌어지게
표현된 것들이 존재하게 된다.

인도는 무더운 기후에 평평한 대륙지형을 가지고 있기 때문에, 산이 드물고 흙에 잔돌이 없어 부드럽다. 그러므로 굳이 신발의 필연성이 존재하지 않는다. 물론 인도는 땅이 넓으므로 산이 가까운 곳이나 추운 지역에는 신발의 필연성도 존재한다. 실제로 붓다는 율장의 「피혁건도(皮革健度)」에서 신발이 필요한 장소에서는 신발을 신고, 더 나아가 특수한 경우에는 두 겹의 가죽신을 신어도 무방하다는 입장을 피력하고 있다. 즉 붓다가 신발을 신지 않았던 것은 굳이 덧붙일 필연성이 없었기 때문이지, 이것이 불교의 통론은 아니라는 말이다. 하기야 신발과 같은 수단에 붓다와 같은 계몽자가 묶여서 형식의 굴레를 만드는 건 있을 수 없는 일이 아닌가?

그런데 후대의 인도인들은 엄지발가락을 끼우는 샌들의 일종인 조리(쪼리)를 신게 된다. 맨발은 존중의 의미를 나타낼 때만 표현될 뿐 조리가 보다 일상화되는 상황이 연출된 것이다. 조리를 신어보면 알겠지만 신의 구조상 엄지발가락과 둘째 발가락 사이에 무리가 간다. 실제로 현대 인도인들 중에는 오랜 조리 사용으로 인해서, 두 발가락 사이가 볼펜이 들어갈 정도로 많이 벌어져 있다.

그런데 재밌는 건 이런 문화를 반영해서 불상의 발가락이 유독 벌어진 불상이 제작되는 일도 있다는 것이다. 이건 불상이 붓다를 모사한 것이 아니라 제작 당시의 사람들을 기준으로 했다는 것을 나타내주는 아주 재미있는 모습이다. 즉 불상 역시 창조되는 시대에 맞는 그 시대에 적합한 관점을 입고 있는 것이다.

국보급 유물에 칠해진 페인트

과거를 표현함에도 창조되는 당시의 시대를 입는 것은 모든 인간의 문화가 겪는 공통의 숙명일 것이다. 이를 가장 잘 보여주는 것이 역사에 대한 판단이 아닐까? 그렇기 때문에 불상 역시 제작 당시의 문화배경으로부터 완전히 자유로울 수는 없다. 그런데 이렇게 제작된 불상이 또 다시 오랜 시간을 경과하면서 파란만장한 일생을 겪기도 한다. 이의 가장 대표적인 경우가 아프가니스탄의 탈레반에 의해, 2001년 박격포로 파괴된 53m의 바미얀 석불일 것이다.

인도나 중국 또는 이집트를 가 보게 되면 유물이 굉장히 많은 것에 한 번 놀라고, 그 유물들이 방치된 듯 자연스럽게 보존되고 있는 것에 한 번 더 놀라게 된다. 우리나라 같으면 초특급 국보가 되어야 할 유물들을 사람들이 손으로 만지거나 쓸면서 지나가는 일들이 예사로 일어난다. 그렇다보니 관리대상에 따라서 이들 유물들의 처우는 극명하게 명암이 갈리기도 한다.

인도 뉴델리박물관은 우리식으로 치면 용산 국립중앙박물관 쯤에 해당하는데, 이곳에서 만난 후기의 간다라불상은 참 애처로울 정

도였다. 박물관 한 쪽에 배전반이나 때가 잔뜩 묻은 선풍기 아래 모셔져 있는 불상은 보는 순간 낮은 탄식을 자아내게 하기에 충분했다. 녹슨 고리와 4개의 스위치를 가진 배전반과의 배치는 세상에 둘도 없는 절묘한 미학(?)을 연출하고 있어, 인도의 문화에 대한 실상을 잘 나타내주고 있었다. 여기에 좌대 쪽을 보면, 불상을 옮기지 않고 그대로 놓은 상태에서 페인트를 새로 칠해 파란 페인트가 불상의 좌대까지 먹어 들어와 있는 모습을 확인할 수 있다. 참으로 인상적인 묘한 대목이 아닐 수 없다.

　　그래도 창가에 있어서 공기는 좋겠다는 생각도 든다. 그러나 유물이 비바람과 직사광선에 노출되는 것은 아무리 석재라고 하더라도 좋

● 중국으로 넘어온 불상은 중국식의 포복의(袍服衣)를 입게 된다. 포복이라면 생경하지만
도포·곤룡포·장삼과 같은 품이 큰 옷으로 동아시아 지배층의 복장이다. 그런데 이를 부조로
표현하다보니, 지느러미 같은 모습이 되어 재미있다.

을 수만은 없다. 이렇게 놓고 본다면, 불상에도 나름의 팔자가 있는 것이다. 우리나라에 저 시대의 저런 유물이 있었다면, 초특급 국보일 텐데 하는 생각이 들어 왠지 씁쓸한 생각을 지울 수 없다. 그래도 바미얀 석불보다는 나름대로 나은 팔자이고, 그 밑에 새롭게 파란색으로 붙인 아크릴판의 '페샤와르(peshawar)'라는 출토지 명판은 바르게 표기되어 다행이다. 즉 불상은 만들어질 당시 말고도 현대에도 끊임없이 재규정되고 있는 것이다.

연 미 복 을 입 은 불 상

불상의 조각과 관련된 재탄생은 문화권을 달리할 때 가장 극명하게 나타난다. 동아시아의 중국문화권에서는 성인을 군왕과 같은 위계로 본다. 이를 성인군주론이라고 하는데, 이는 원칙적으로는 군주가 아니면 성인이 될 수 없다는 것을 기본전제로 한다. 사실 동아시아에 전파된 외래종교 중 불교는 성공하지만 기독교나 이슬람교는 성공하지 못하는 이유 중에, 붓다는 태자 출신인 반면 예수나 무하마드는 이렇다 할 신분자가 아닌 점도 존재한다. 즉 동아시아의 전통 관점에서 붓다는 성인으로의 인정이 가능하지만, 기독교와 이슬람교는 인정하기 쉽지 않은 문화권의 장벽에 가로막히는 것이다.

　　'성인=군주'라는 공식은 불교의 중국 전래 이후 불상이 황제가 입는 곤룡포를 입게 되는 이유가 된다. 즉 곤룡포를 입은 불상의 탄생인 것이다. 이런 양상은 북위시대의 평성[平城, 지금의 대동(大同)] 운강석굴 불상을 통해서 확인되는데, 오늘날 생각해 보면 보통 웃긴 게 아니다. 붓다가 곤룡포를 입고 있다니 말이다. 그런데 이 곤룡포는 더 재밌는 게 교향악단의 지휘자 등이 입는 연미복처럼 생겼다는 것이다. 즉 언뜻 보면 물고기의 지느러미를 연상시키는 연미복을 입은 불상은 시대적 판단으로부터 자유롭지 못한 불상의 제작환경을 잘 나타내준다. 또 이렇게 연미복을 입게 됨으로 인해서 불상의 왼손은 가사를 말아 줄 필요가 없이 자유롭게 된다. 그래서 결국 왼손의 가위·바위·보의 변화가 시작되는 것이다. 이를 통해서 우리는 문화의 흥미로운 도미노현상을 목도해 볼 수 있게 된다.

힌두교 최고의 신인 시바는
마누라의 잔소리를
이기지 못하고,
악마와 상대할 때도
부인의 풍만한 가슴을
주무른다.
세상에 이런 신이 있을까
싶은 모습 속에 힌두교만의
인간적인 낭만이 있다.
소도 코끼리도 원숭이도
신이 되는 요지경 같은 세계.
그런데 이것이
인도라는 무대에서,
불교·이슬람교·기독교를
차례로 이긴 힌두교의
저력이자 불가사의이다.

에피소드 힌두교

4

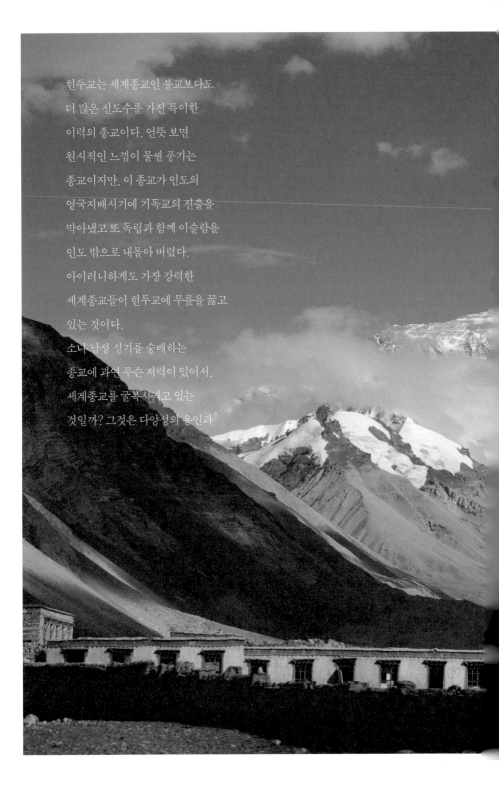

힌두교는 세계종교인 불교보다도
더 많은 신도수를 가진 특이한
이력의 종교이다. 언뜻 보면
원시적인 느낌이 물씬 풍기는
종교이지만, 이 종교가 인도의
영국지배시기에 기독교의 진출을
막아냈고 또 독립과 함께 이슬람을
인도 밖으로 내몰아 버렸다.
아이러니하게도 가장 강력한
세계종교들이 힌두교에 무릎을 꿇고
있는 것이다.
소나 남성 성기를 숭배하는
종교에 과연 무슨 저력이 있어서,
세계종교를 굴복시키고 있는
것일까? 그것은 다양성의 용인과

신화 속을 거니는 인도인들의
정신이 힌두교를 강력하게 지지하기
때문이다. 그곳에서는 모두가
신이며 또한 모두가 인정받는 구조가
존재한다. 붓다와 예수도 신이 되는
힌두교의 폭넓은 관용 속에서,
인도인들은 신과 더불어 사는 행복을
즐거워하고 있는 것이다.
종교의 중요한 기능에는 인간의
자기구현이라는 것이 있다. 종교에는
고등한 것도 하열한 것도 없으며,
논리적이거나 미신적인 것도 기준이
될 수 없다. 다만 '그것을 통해서 내가
속(俗)됨을 벗고 행복을 확보할 수
있느냐'만이 존재할 뿐이다.

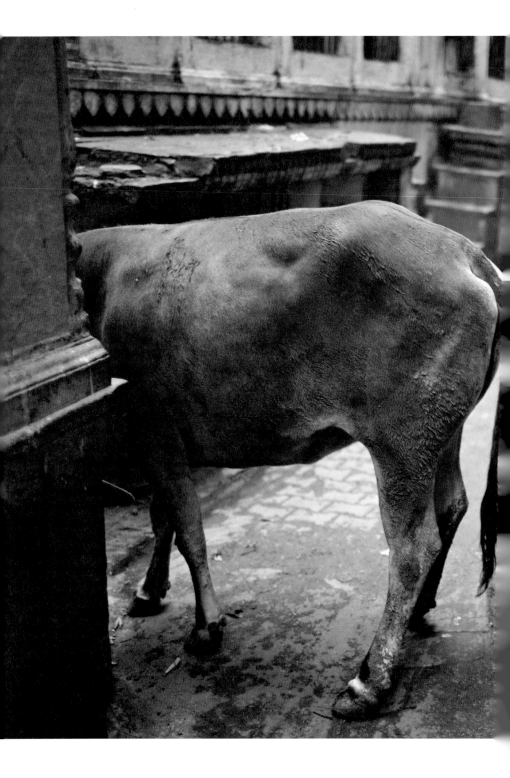

이런 점에서 종교는 주관적인 것이지
객관적인 것일 수는 없다. 힌두교는
인도인들에게 최적화된 종교이자
문화의 확고한 중심축을 담당하고
있다. 마치 우리가 『흥부전』 속에
등장하는 '은혜 갚는 제비'라는 말도
안 되는 비약적인 설정을 저항감
없이 받아들이면서 즐거워하듯, 저들
역시 힌두교의 복잡성 안에서 평안을
성취하고 있는 것이다.
불교는 실크로드를 타고 동아시아에
정착한 우리에게 매우 친숙한
종교이다. 그러나 인도가 낳은 또
다른 종교인 힌두교는 올림포스 산의
12신보다도 더 멀리에 있는 이방의
생소한 빛일 뿐이다. 다양성을
다양성으로 받아들이고, 결코 내가
아는 것으로 모르는 것을 재단하지
말아야 한다. 그렇지 않으면 있는
그대로의 실상이 왜곡되기 때문이다.
그러므로 그저 놓아두고서 지켜보는
인내가 필요하다. 관용과 즐거움을
가지고 이러한 생경함을 따라가
보자. 그러다보면 문득, 그들의
사유와 그들이 말하려는 가치가
들리게 될 것이다.

스리랑카까지
한 번에
건너 뛴 원숭이

● 인도의 서사시 『라마야나』에서 라마를 도와 악마 라바나를 물리치는 원숭이신 하누만.
코끼리신인 가네샤와 더불어 힌두교에서 가장 인기 있는 동물신이다.

오승은의『서유기』는 현장이 쓴『대당서역기』와『자은전』에 입각한 것
이다.『대당서역기』는 당 태종이 세계정세 분석자료 차원에서 요청한
국정보고문서이며,『자은전』은 현장 자신의 개인적인 기록물이다. 현
장은 20대 중반에 이미 중국에 스승이 없을 정도로 머리가 좋았고, 또
생김새 역시 특별히 수려한 인물이었다. 이것이『서유기』에서는 인도
행에서 수많은 요괴들이 현장을 유혹하거나 잡아먹으려고 한다는 소
설 구성으로 바뀌게 된다.

현장이 대단한 것은 중국인으로서는 최초로 인도불교에서 최
고의 지위에 올랐다는 점이다. 그러나 현장은 이와는 조금 다른 관점
에서도 단연 최고라는 찬사를 받을 만한 인물이다. 그것은 현장이 힌
두쿠시 산맥과 파미르 고원을 넘는 강철체력에, 물러나지 않는 투지를
가졌다는 점이다.

현장이 산맥을 넘는 상황을 보면 두꺼운 얼음 위에서 자는 것
을 예사로 하고 있다. 요즘과 같은 등산장비가 없었다는 점을 고려한
다면, 현장의 인도순례는 히말라야 14좌 완등에 필적할 만한 것이라고
하겠다. 이와 같은 강철체력에 모든 상황들을 상세히 기억하고 기록하
는 두뇌와 성실함, 그리고 인도에서의 성공과 많은 불교경전 및 유물
을 당나라로 가져온 것은 동아시아를 깨우는 원동력이 된다. 이것은
이후 동아시아가 로마를 압도하는 세계최강문화권으로 성장하게 되

는 결정적인 이유로 작용한다. 또 이로 인하여 현장은 살아서 신화화되고, 결국 『서유기』를 통해서 대단한 유명세를 타게 된다. 덕분에 현장은 동아시아 승려들 중 가장 널리 유명해진다.

그런데 『서유기』를 통해서 묘사되는 현장은 덕이 있고 우유부단한 성격의 성실한 승려에 불과하다. 왜냐하면 『서유기』의 실질적인 주인공은 현장이 아닌 손오공이기 때문이다. 이와 같은 구조는 우리로 하여금 나관중의 소설 『삼국지』 속에서의 유비와 제갈공명과의 관계를 생각하게 한다. 소설적인 구성에서는 역사로부터 비껴나 있는 인물을 중심으로 내세우는 것이 허구를 통한 재미에 있어서 더 효율적이기 때문이다.

『삼국지』의 제갈공명처럼 『서유기』의 손오공 역시 실존인물이다. 손오공은 현장이 중앙아시아의 고창에서 받은 4명의 제자 중 한 명이다. 이들은 각각 오공(悟空)·오능(悟能)·오정(悟淨)·오혜(悟慧)로, 깨달을 '오(悟)' 자가 법명에 돌림자로 들어가 있는 승려들이다. 이 4명은 고창국 왕이 현장의 인도행에 있어 어려움이 많을 것을 고려하여 시종제자로 보낸 인물들이다. 이 중 오능은 인도로 가는 도중 위에서 떨어지는 얼음에 맞아 죽고, 오정은 얼음 위에서 자야 하는 상황에서 동사했다고 기록은 전한다. 즉 오능과 오정은 인도에는 가보지도 못하고 열반한 제자들인 것이다. 『서유기』에서 오능은 저팔계로 오정은 사오정으로 등장하는데, 사실 역사 속에는 이와 같은 비극적인 아픔이 숨어 있었던 것이다.

손오공·사오정과는 달리 오능만이 저팔계(豬八戒)라는 명칭으로 더 익숙한데, 사실 이는 별명이다. 저팔계의 '저(豬)'는 돼지라는 의미이며, 팔계란 불교에서 널리 권장하는 팔관계를 의미한다(불교의 5계와 3계가 결합된 것이라는 설도 있다). 우리는 한국사에서 고려시대 팔관회와 같은 구절을 보게 되는데, 여기에서 말하는 팔관이 바로 팔관계이다. 즉 돼지의 탐욕을 조절하고 계율을 잘 지키라는 의미 정도로 이해하면 되겠다.

또 4명의 제자 중『서유기』에서는 오혜가 빠지고 3명만이 등장하는데, 이는 중국문화에서는 4자가 죽을 사(死)와 발음이 같아서 꺼리기 때문이다. 이는 오늘날까지도 병원에 4동이나 4층이 없는 문화를 통해서 유전되고 있다. 이로 인해서 현장은 3명의 제자와 함께 인도구법의 여행길에 오르는 모습으로 변모된다.

오공이 원숭이로 바뀐 사연

인도의 힌두교에는 다양한 신들이 있는데, 그 중에 사람들로부터 많은 사랑을 받는 신으로 원숭이 신인 하누만이 있다.『마하바라타』와 더불어 힌두교의 2대 서사시가 되는『라마야나』는 아요디야를 수도로 하는 코살라 국의 왕자 라마의 인생 역정과 무용담을 다룬 일대기이다.

스리랑카에 나찰 왕 라바나가 오랜 수행력으로 막대한 힘을 증득하게 되자, 신들은 위기의식을 느끼게 된다. 이때 이를 제압하기 위해서 비쉬누 신이 인간으로 태어난 것이 바로 라마이다. 라마는 그 누구도 시위를 매길 수 없는 강궁을 구부려 활을 쏨으로써, 세상에서 가장 아름다운 여성인 비데하 국의 공주인 시타를 아내로 맞이하게 된다. 그러나 영화 〈트로이〉에서 헬레나가 파리스에게 감으로 인해 대규모 전쟁이 벌어지는 것처럼, 시타 역시 라바나에게 납치되면서 라마와 라바나의 전쟁이 시작된다. 이 전쟁에서 라마 편을 든 원숭이 왕이 바로 하누만이다.

하누만은 남인도의 마헨드라 산 정상에서 점프하여 스리랑카까지 단숨에 건너뛰어 공격하고, 결국 라마의 군대와 함께 악마 라바나를 물리치고 시타를 구하게 된다. 또 이 과정에서 라마가 부상을 당해 약초가 필요하자, 히말라야 안의 카일라스 산으로 한걸음에 도약해서 산 전체를 들고 와 라마를 구했다고 한다.

라마를 도운 용감하고 신이한 능력을 가지고 있는 원숭이 왕 하누만의 이야기는 실크로드를 타고 전래하여 마침내 『서유기』 속 화과산의 왕 손오공이 된다. 그리고 인도구법여행을 하는 현장을 돕는 주인공으로 재탄생하기에 이른다. 책의 제목은 『서유기(西遊記)』 즉 인도에 가는 구법여행기로 현장의 인도행을 의미하는 것인데, 실질적인 주인공은 중앙아시아 고창국에서 얻은 제자 오공이 인도신화의 하누만과 결합된 것이라는 점이 재미있다. 여기에서 이야기라는 것은 역시 전해질수록 비만이 되기 쉬운 것임을 알 수 있다.

또 하누만이 인도에서 스리랑카까지 한 번의 점프로 도달했다는 것은, 아주 오랜 옛날 스리랑카와 인도대륙이 연결되어 있었던 시대를 말해주는 무의식에 잠재된 기억으로 이해된다. 지금이야 두 지역이 바다로 나뉘어 있지만 예전에 두 지역은 연결되어 있었고, 이는 오늘날 위성지도 등을 통해서도 쉽게 확인되는 내용이다. 즉 신화는 때론 그보다도 더 오래 전의 사실을 입고 있는 것이다.

손 오 공 의 마 지 막 모 습

현장의 인도행은 육로로 갔다가 다시 육로로 오게 된다. 가는 것도 어렵지만 이미 죽음의 길이라는 것을 안 이후에 그 길을 다시 와야 한다는 것은 더욱 어렵다. 그래서일까, 『불국기』의 법현은 육로로 갔으나 올 때는 해로를 택해서 배를 타고 왔다. 법현이 현장보다 200여 년 이상 앞서서 인도를 방문했다는 점은, 현장 당시에는 해로가 상당히 발달해 있었다는 것을 의미한다. 실제로 현장보다 반세기 정도 뒤에 인도를 가게 되는 『남해귀기내법전』의 의정은 왕복 모두 해로를 선택하고 있다. 그런데도 현장은 유독 육로를 고집하게 된다.

현장이 귀로 역시 육로를 택한 것은 자신을 후원해준 고창국 왕과의 약속 때문이다. 고창국 왕 국문태(麴文泰)는 현장을 매우 좋아해, 자신의 누이동생과 결혼시켜 고창에 주저앉히고자 했다. 그런 현장이 죽음을 각오하고 거부하자, 결국 의형제를 맺고 현장이 새로운 불교를 배우거든 귀국길에 들러 가르쳐 줄 것을 약속함과 함께 막대한 후원을 해주게 된다. 오공 등이 시종제자로 출가하게 되는 것도 바로 이러한 이유 때문이다.

현장은 이 약속을 지키기 위해서 죽음을 무릅쓰고 고창으로 돌아온다. 그러나 현장이 인도에 있던 14년간 당나라의 팽창으로 고창 국은 결국 멸망하고 만다. 어제의 굳은 약속을 지키기 위해서 죽음을 무릅쓰고 찾은 귀로가 결국 허탈하게 끝나고 만 것이다. 이와 같은 상황 속에서 현장을 도왔던 오공과 오혜는 결국 고국인 고창에 남는 길을 선택한다. 『서유기』의 마지막에서 손오공이 깨달음을 증득해 투전 승불(鬪戰勝佛), 즉 '어떤 싸움에서도 이기는 붓다'가 된다는 것과는 또 다른 슬픔이다. 어쩌면 오공의 비극적인 고뇌를 오승은이 극적인 전환 으로 살려준 것이 아닌가 하는 생각이 드는 대목이다.

신전에
조각된 황소

● 인도 첸나이박물관 외부에 있는 시바 신의 반려동물인 난디상. 목에 걸린 여러 층의 장식방울과
발찌가 매우 인상적이다.

'힌두교' 하면 가장 먼저 생각나는 것이 소 숭배가 아닐까? 이는 인도와 관련된 많은 다큐 등에서 소들이 어슬렁거리며 활보하는 영상을 통해 더욱 더 강력하게 각인된다. 실제로 인도의 기차역 안이나 고속도로 위에서 사람이나 차를 무서워하지 않고 느리게 걸어 다니는 소를 보는 것은 그리 어렵지 않다.

아무리 좋게 생각해도 소를 숭배한다는 것은 그렇게 긍정적이지 않다. 그렇다면 인도는 왜 소를 숭배하는 것일까? 가장 타당한 이유는 아리안의 유목문화가 농경으로 바뀌면서 소의 효용성이 증대되었기 때문이다.

본래 인더스 문명을 형성했던 인도의 원주민들은 농경문화를 바탕으로 하는 드라비다와 문다족으로 이루어진 흑인들이었다. 인도라는 대륙은 본래 아프리카에서 떨어져 나와 중앙아시아와 충돌하면서 히말라야가 만들어졌다는 점을 생각한다면, 인도의 원주민이 흑인이라는 점은 이해하기 어렵지 않다. 이들에 의해서 이루어진 문명이 바로 인더스 문명이다. 농경문화에서 소는 없어서는 안 될 매우 중요한 의미를 확보한다. 그러므로 제부라는 소가 각인된 인장이 인더스 문명에서 다수 확인되는 것은 이상한 일이 아니다.

유목민이었던 아리안족의 서북인도 침입은 인도에 유목문화 전통을 유입한다. 이 과정에서 우유와 요구르트 등의 유제품을 활용하

엘로라 석굴에서 바라본
풍경 밖의 난디상. 이를 통해서
시바신전이 안쪽에 있다는
것을 짐작해 볼 수 있다.

남인도 칸치푸람의 카일라사나트
사원에서 인도여성이
난디의 귀에 대고 속삭이듯
기원을 올리는 모습.

는 측면이 인도문화의 한 부분으로 확고한 자리매김을 하게 된다. 그러나 이들 역시 무더운 인도에 정착하면서는 신속하게 농경으로 변모한다. 이 과정에서 소를 죽여서 희생제를 올리는 풍습은 농업생산에 심각한 문제점을 초래하게 된다. 이러한 문제를 해소하는 방식이 바로 소에게 신을 투사하는 방식이다.

흰 소 , 신 화 를 입 다

인도를 다니는 소들은 대다수가 흰소이다. 흰소란 아무래도 동아시아의 백호나 백사와 같이 신령한 의미를 상징한다. 실제로 인도에도 흰코끼리가 코끼리의 왕이라는 인식이 있고, '흰소는 행운을 가져다준다'는 믿음이 있다. 소가 어찌 흰색뿐이겠는가 만은, 흰소는 특별히 더 보호받다 보니까 흰소의 개체수가 급증하게 된 것으로 이해된다. 이는 마치 당근은 본래 보라색이었으나 인간이 소수였던 주황색 당근을 선호하게 되면서, 오늘날 보라색 당근은 거의 자취를 감춘 것과 유사하다고 하겠다.

　　흰소는 힌두교에서 시바 신과 결합한다. 거의 모든 시바 신전 앞에 위치하고 있는, 등에 큰 혹이 있고 뿔이 큰 물소계열의 난디상이 그것이다. 난디는 출생부터 매우 존귀한 것으로 되어 있는데, 모든 소원을 이루어주는 전설의 암소 스라비의 아들이라는 것이다. 소에게도 족보가 있다는 것이 우리로서는 보통 생소하지 않다.

난디는 단순히 시바 신의 탈것만은 아니다. 한 번은 마족이 시바 신을 죽이기 위해서 코끼리로 변신해서 접근한 것을 난디가 알아채서 시바 신을 구하는 부분도 있다. 이는 주인을 위한 충심과 지혜가 있다는 전승인 것이다. 우리나라에서 이와 같은 역할을 하는 것은 백구와 같은 개다. 그러나 인도에서 개는 지능이 너무 낮은 혐오동물이기 때문에 의젓한 소의 상대가 될 수 없다. 그러므로 난디의 인기는 인간과 가까운 동물로서 독주하게 된다. 이렇게 소가 점차 신성화되면서 아리안의 유목전통은 농경으로 완전히 변모하기에 이른다. 즉 소에게 자유를 준 보이지 않는 손은 농경의 유목 대체이며, 이의 상징적인 작용을 시바 신앙이 담당하고 있는 것이다.

소 꼬 리 를 잡 고 가 는 천 국

농경의 발전은 산이 없는 대륙국가에서는 땔감 부족의 문제를 야기한다. 즉 화전의 병폐인 것이다. 인도에서 땔감은 난방보다도 주로 취사와 관련된 간편한 것이 필요한데, 이의 해결책으로 대두되는 것이 바로 소똥이다. 인도인들은 소똥을 잘게 썬 풀과 섞어서 말린 후, 손으로 동그란 빈대떡과 같이 반죽해 담에 붙인다. 이것이 건조되면 차곡차곡 개났다가 연료로 사용하는 것이다. 이는 소똥의 점성과 섬유질이 은근

힌두교에서 소는 신앙의 대상이기도 하지만,
농업과 관련해서는 역시 노동의
대상이 되는 건 피할 수 없다.
즉 자유로운 건 도시의 소들일 뿐이다.

● 소똥 반죽을 담에 붙여서 말리는 모습과 그 주위에서 아무렇지도 않게 노니는 인도의 아이들.

한 화력을 내는 데 매우 유용하게 작용하기 때문이다.

또 소똥 반죽은 집안의 중요한 곳이나 신전의 미장을 통한 마감재로도 사용된다. 인도의 무더운 기후는 벌레문제를 촉발하는데, 소똥은 일종의 살균력으로 이 문제를 해결하기 때문이다. 일반적으로 생각하기로는 집안에 소똥을 바르면 냄새 때문에 어떻게 사느냐고 할지 모르지만, 건조된 소똥은 냄새가 나지 않는다. 사실 배설물에서 독한 냄새가 나는 경우는 인간과 같은 잡식성일 경우이다. 실제로 말이나 코끼리의 배설물로는 예전부터 종이를 만들어 쓰고는 하지 않았던가? 그래서 말똥종이라고 해서 마분지(馬糞紙)라는 말이 있는 것이다.

또 난디가 신을 인도하는 탈것이라는 인식은 죽어가는 사람이 암소꼬리를 잡고 죽으면 천국에 간다는 생각으로까지 발전한다. 소가 집밖에서 풀을 뜯다가도 집으로 귀속하는 것과 같이, 소꼬리를 잡고 있으면 천국으로 가게 된다는 생각이다. 이런 설정은 문화권이 다른 우리로서는 상당히 당혹스럽지만, 소에 종교성을 과도하게 씌운 결과가 어느 정도까지 작용하는지를 보는 것 같아 무척이나 흥미롭다.

신도 어쩔 수
없는 마누라의
잔소리

아마 라바나를 오른발로 제압하고 있는 시바 신. 시바는 왼손으로 부인 파르바티를 감싸 안고
있는데, 이들이 코끼리 신 가네샤의 부모이다.

인도는 인간의 땅인 동시에 신들의 나라다. 신들이 오죽 많았으면, 인도 인구수보다도 신들이 더 많다는 말이 있을까? 그러나 신이 많다고 해도 인기 있는 신은 극소수에 불과하다. 마치 연예인이나 가수들이 많아도 속칭 뜬 인기스타는 극소수이고, 이들이 CF와 같은 모든 시장을 장악하고 있는 것처럼 말이다. 신도 인기가 있어야 한다는 건, 인간을 넘어선 신의 비극이기도 하다.

예나 지금이나 사람들이 좋아하는 건, '물질적인 풍요'와 '변화 속에서도 언제나 기회를 거머쥐는 행운'이다. 이를 관장하는 여신이 바로 락슈미다. 불교에서는 길상천(吉祥天)이라고 번역하는데, 재물과 복덕을 베풀어주는 행운의 신 정도라고나 할까! 그런데 락슈미보다도 더 인기가 있는 신이 바로 코끼리 신 가네샤이다. 어떤 의미에서 가네샤는 힌두교 신화 속의 아이돌이라고 할 수 있는 가장 대중적인 신이다.

가네샤, 학문과 재물의 신

가네샤는 학문과 재물을 관장한다. 그냥 물질만 있는 락슈미보다는 공부가 겸비된 가네샤가 사람들의 심사에 더 맞는 건 어찌 보면 당연하다. 그래서 가네샤는 인도에서 가장 인기 있는 신이 된다.

코끼리는 강하지만 교만하지 않고 의젓하다. 또 지능이 높아서 인간과 소통하며, 일찍부터 사람들을 돕는 생활을 했다. 이렇게 해서 성립되는 것이 코끼리 신, 가네샤다. 가네샤는 인간과 교감하는 '지혜'와 강력한 힘을 통한 '수호', 그리고 노동을 통한 재화산출이라는 의미의 '재물'이라는 신의 속성을 가지고 있다. 가네샤가 왜 인기 있는 신인지 단적으로 알 수 있는 대목이다.

가네샤의 탄생과 코끼리 머리

코끼리가 신이 되기 위해서는 반드시 신화적인 재구성이 필요하다. 신화 속의 위대한 신들은 많은 자식을 두고 있다. 희랍신화의 제우스에게 별별 자식들이 있는 것을 생각하면 되겠다. 그러나 이는 사실 희랍의 제우스 신앙이 강력해지면서 주변의 복속되는 토템이나 포섭하는 신들의 새로운 족보짜기에 불과하다. 즉 정복세력과 편입된 세력 간의 연결이 신화를 통해서 완성되는 것이다. 희랍이나 힌두교와 같은 다신교에서 이러한 양상은 보다 분명하게 나타난다.

동물이 신화에 편입되어 신의 아들이 되는 경우는 대부분 강력한 토템과 관련된다. 코끼리 신인 가네샤가 시바 신의 아들이 되는 신화적인 전승은 바로 이와 같은 양상을 잘 나타내주고 있다.

힌두교 최고의 신 중 한 명인 파괴의 신 시바에게는 파르바티라는 정부인이 있다. 하루는 파르바티가 자신에게도 충직한 수호자가 있었으면 해서, 자신의 몸에서 나온 때에 향유와 갠지스 강물을 버무려 새로운 신을 만들었다. 이렇게 해서 잘생기고 늠름한 가네샤가 탄생하게 된다. 그리고 파르바티는 목욕하러 들어가면서 그 누구도 들어오게 해서는 안 된다는 명령을 내린다.

　　그런데 하필 이때 남편인 시바 신이 들어오고, 이를 막는 충직한 가네샤와 실랑이가 벌어진다. 가네샤는 시바가 없을 때 만들어졌기 때문에 시바를 몰랐다는 게 비극의 시작이었다. 결국 분노를 참지 못한 시바 신이 가네샤의 목을 베어버리고 만다. 생일날이 곧 제삿날이 된 것이다.

　　목욕을 마치고 나온 파르바티가 상황을 파악하고, 남편인 시바에게 바가지를 긁어대기 시작했다. 파괴의 신도 마누라의 바가지를 당해낼 수는 없었던지, 가네샤를 다시 살려주겠다고 하면서 뛰쳐나가 마침 지나가던 코끼리 머리를 베어 와서 가네샤의 몸통에 붙였다. 이렇게 해서 가네샤는 코끼리 머리를 가진, 시바 신의 아들로 재탄생한다. 즉 시바 신의 짐승형 자식인 '시바새끼'가 된 것이다.

　　가네샤가 시바 신의 아들로 재탄생하는 과정에는 혈연적인 관계는 전혀 없다. 그렇기 때문에 시바에 의해서 코끼리 머리를 가진 모습으로 재탄생하는 연결 구조를 확보하게 되는 것이다. 이와 같은 양상은 다신종교의 복잡한 신화구조가 어떻게 파생하게 되는지를 단

● 힌두교의 코끼리 신 가네샤. 가네샤의 발밑으로 가네샤가 타는 동물인 쥐가 조각되어 있다.

적으로 알 수 있게 해준다.

　가네샤는 단 것 등 먹을 것을 좋아해서 배가 불룩하게 나온 비만형 코끼리로 묘사된다. 이는 풍요를 상징한다. 또 파르바티의 명령을 죽음으로 지켜낸 수호자의 위상, 그리고 코끼리라는 지혜로운 친근감으로 『마하바라타』라는 대서사시가 기록될 때는 서기(書記)의 역할을 했다. 가네샤가 학문을 담당한다는 것은 여기에서 비롯된다. 비만 코끼리가 서기라니? 인도인의 상상력이란 생각만으로도 사람을 즐겁게 한다.

　또 가네샤는 쥐를 타고 다닌다고 전해진다. 큰 코끼리가 어떻게 작은 쥐를 타고 다닐까? 코끼리를 태우는 쥐도 못할 일이지만, 작은 쥐 위에 타고 있어야 하는 코끼리는 과연 편안할까? 쥐를 타는 것보다는 그냥 자신의 다리로 걷는 것이 더 편하지 않을까? 이 쥐는 본래 가네샤가 물리친 마족을 변신시킨 것이라고 하는데, 덕분에 가네샤 상에는 언제나 쥐가 묘사되어 함께 나타나곤 한다.

　코끼리는 일찍부터 인간에게 길들여져, 인간과 함께 사는 과정에서 쥐와 서식환경을 공유하게 된다. 그런데 덩치 큰 코끼리가 쥐에 놀라는 경우가 많이 있었고, 이를 신화적으로 복수해 주는 것이 바로 쥐를 타는 가네샤이다. 그러나 이것이 너무나도 언밸런스하다는 점에서 과연 정당한 해법인지는 모르겠다. 이렇게 다소 해학적인 모습 속에서, 가네샤는 인도인들에게 가장 많은 사랑을 받는 서민적인 신이 된다.

여성의 성기인 요니를 관통하고 있는
시바 신의 상징인 링가. 뒤쪽 벽의
세 얼굴은 브라만 신을 나타내는 것이다.
즉 '브라만보다도 더 중요한 링가의
시바'라고 이해하면 되겠다.

인도,
신들의
창조경쟁

신에게도 유행이 있다

기독교나 이슬람교 같은 유일신교에서 신은 선택될 수 있는 대상이 아니다. 그러므로 이들은 그저 찬양하고 숭배할 뿐이다. 그러나 다신교에서 신은 인간에 의해서 선택될 수 있고, 계속해서 배제될 경우 신은 약해지다가 결국 사라지는 지경에 이르게 된다. 이는 그리스·로마 신화를 통해서도 인식될 수 있다. 주지하다시피 그리스·로마 신화는 지상의 제우스와 바다의 포세이돈 그리고 명계의 하데스라는 3강 구도에, 다시금 올림포스 산의 12신이라는 이중구조로 이루어져 있다. 이들 신들은 각각의 역할을 갖는 동시에 인기에 비례해서 위치가 재구성되기도 한다.

신들이 인기를 얻는 것은 의외로 간단하다. 그 신을 믿는 신앙자들이 더 화려하고 극적인 이야기를 보태어 꾸며주면 되는 것이다. 이 과정에서 신을 가장 위대하게 돋보이도록 하는 것이, 바로 이 세계의 창조자라는 주장이다. 이 때문에 힌두교의 신들은 서로가 먼저 이 세계를 창조했다는 일명 창조 논쟁에 휘말리게 된다.

창조주와 신들의 왕

신화에는 창조주와 신들의 왕이 같은 경우도 있지만, 창조주와 신들의 왕이 이중적으로 되어 있는 경우도 있다. 역할분담의 분업인데, 이의 대표적인 경우가 그리스·로마 신화와 인도 신화이다.

조물주 문제는 사실 인류의 지력이 어느 정도 갖춰진 이후에야 추론될 수 있는 사고이다. 그 전에는 현실적인 신의 가호가 중요하지, 이 세상을 창조하는 것 따위는 주된 관심사가 아니기 때문이다. 즉 현실적 문제로부터 무언가 안정된 집단이 만들어진 이후에야 이 세계의 시작이나 종말과 같은 우주론적인 사고가 가능하다는 말이다. 그렇기 때문에 고층(古層)의 인도 신화에서 중요한 신은 창조주가 아니라 신들의 왕, 즉 천중천(天中天)이었다. 이 신이 바로 인드라인데 불교에서는 제석천이라고 한다. 그런데 철학적 사유가 갖춰지면서 점차 창조주에 대한 요청이 강조되기 시작한다. 그 결과 기원전 8세기 무렵에 이르면 브라만이라는 창조주의 성격이 확립되기에 이른다.

고대의 힌두교를 브라만교라고 하는데, 이는 브라만 신을 믿기 때문이다. 또 이 종교의 사제를 가리키는 칭호 역시 브라만인데, 이들이 브라만 신을 모시는 것에서 유래한다. 통일성이 있어서 외울 게 없다는 점에서는 참 좋은 종교이다. 종교의 이름이 브라만교라는 것은 인드라에서 무게 중심이 브라만으로 옮겨졌다는 것을 의미한다.

비쉬누와 시바로의 전환

브라만의 인기는 그러나 오래가지 않는다. 다시금 비쉬누에게로 옮겨지게 되면서, 기원 전후가 되면 비쉬누에게 완전히 압도되는 양상이 나타난다.

　　비쉬누는 다양한 변화의 모습으로 이 세상에 나타나는 신으로 『마하바라타』의 크리슈나와 『라마야나』의 라마가 모두 비쉬누의 변화된 모습이다. 이들 2대 서사시의 약진과 함께 비쉬누가 브라만을 압도하게 되는 것이다. 힌두교 문헌 중에서 세계적으로 유명하며, 또 우리나라에 가장 많이 번역된 책인 『바가바드기타』는 『마하바라타』 안의 한 장 정도에 해당하는 크리슈나에 대한 찬가이다. 이렇게 놓고 본다면, 비쉬누의 인기는 현재에도 지속되고 있다고 하겠다.

　　비쉬누의 약진은 새로운 창조 논쟁을 촉발한다. 흔히 창조와 관련해서는 '신이 이 세계를 만들었다면, 신을 만든 것은 무엇인가?'와 같은 순환론이 발생하게 된다. 그래서 이와 같은 문제를 끊고 가기 위해서, 중세의 기독교에서는 아리스토텔레스가 진리를 정의한 것을 빌어 신을 '부동의 제1자'로 개념규정을 한다. 즉 모든 것은 움직이지만 신은 움직이지 않는 자이며, 그 앞이 없는 첫 번째 존재라는 것이다. 그러나 이 역시 신의 개념을 인간이 규정한다는 점에서는 또 다른 차원에서의 깊숙한 신성모독이 아닐 수 없다.

　　아무튼 이것은 중세유럽의 일이므로, 고대의 인도에서는 이와 같은 규정은 적용되지 않는다. 그렇다보니 잠들어 있는 비쉬누의 배꼽에서 브라만이 탄생했다는 주장이 나타나게 된다. 즉 브라만에 앞서 비쉬누가 존재했다는 것이다.

이야기인즉슨, 우주가 최초 혼돈 속에 있을 때 네 개의 팔을 가진 비쉬누는 천 개의 머리를 가진 아난다라는 킹코브라를 침대 삼아 잠들어 있었다. 그때 비쉬누의 배꼽에서 흰 연꽃이 피어나면서 그 속에서 브라만이 탄생하게 된다. 이 세계를 창조한 창조주를 비쉬누가 창조했으니, 두 신의 우열은 자연히 판가름 난 것이다.

그런데 6세기 무렵이 되면서는 신의 중심이 다시금 시바로 옮겨지게 된다. 그 결과 이 두 신을 능가하는 시바 신의 능력을 강조하는 이야기가 첨가되기에 이른다. 브라만이 자신에 앞선 비쉬누를 보고는 매우 놀라면서 누가 이 세계의 진정한 창조자인가로 논쟁할 때, 끝을 알 수 없는 거대한 남성성기 링가가 출현하게 된다. 너무 거대한 성기의 출현에 두 신은 그 정체를 판단하기 위해, 브라만은 백조로 변신해서 위쪽으로 날아가고 비쉬누 신은 멧돼지로 변신해서 아래쪽을 파보았다. 그러나 성기의 크기는 두 신의 능력으로는 도저히 그 끝을 알 수 없었고, 결국 두 신은 자신들보다도 더 위대한 존재를 인정할 수밖에 없었다. 바로 그때 거대한 성기 속에서 천 개의 눈과 천 개의 손을 가진 시바가 나타났다고 한다. 시바의 상징인 링가를 중심으로 창조주를 넘어선 시바의 초월적인 존재를 의미하고 있는 것이다.

일견 유치하게까지 보이는 이러한 주장들은 자신이 신앙하는 신을 높이려는 다신교의 다툼을 잘 나타내주고 있다. 실제로 비쉬누 측에서는 다시금 시바 측에 대한 재반격으로 브라만이 비쉬누의 배꼽에서 태어날 때, 시바 역시 비쉬누의 이마에서 탄생했다고 적고 있

천 개의 머리를 가진
킹코브라 아난다를 침대
삼아 누워있는 비쉬누
신. 비쉬누의 배꼽에서
피어나온 연꽃 위에 세
개의 얼굴을 가진 창조주
브라만이 탄생하고 있다.

● 크기를 알 수 없는 거대한 남성성기, 링가에서 탄생하는 시바 신. 좌우에 세 개의 머리를 가진
브라만과 네 팔을 가진 비쉬누가 그 위대함에 탄복하고 있다.

다. 이렇게 되면 서로가 서로를 마구 만들고 있는 셈이니 더 흥미롭다. 그러나 브라만 측에서는 비쉬누와 시바 쪽의 주장에 대한 이렇다 할 반격이 없다. 이는 인드라와 마찬가지로 브라만 역시 인간들의 관심에서 멀어졌다는 것을 의미한다. 이렇게 신 역시 빛을 잃어가면서 서서히 퇴장하는 것이다.

힌두교의 3신. 왼쪽부터 세 개의 얼굴을 한 브라만, 네 개의 팔을 가진 비쉬누, 마지막 끝이 세 개의 눈을 가진 시바이다.

악마와
상대하면서
부인의 가슴을
만지다

● 엘로라 석굴의 악마 라바나를 제압하는 시바상. 악마 라바나를 상대하면서도 왼손을 부인
파르바티의 겨드랑이 쪽으로 넣어서 가슴을 만지고 있는 설정이 무척이나 재미있다.

힌두교의 신은 야하다

힌두교는 불교와 달리 재가주의 종교이다. 즉 결혼과 세속의 삶을 긍정하는 것이다. 그렇다보니 힌두교의 신들 역시 결혼을 하는 것은 물론이고 심지어 부인이 많다. 그리스·로마 신화의 제우스가 정부인 헤라를 두고도, 여러 여성편력을 가지는 난봉꾼이라는 점을 생각하면 되겠다.

또 인도는 덥기 때문에 노출문화가 있다. 여기에 농경문화의 보다 많은 수확에 대한 기원은 성기 숭배와 같은 조금은 남세스러운 측면을 일반화시킨다. 즉 힌두교에서는 신의 노출과 성기가 매우 자연스러운 종교의 일상으로 존재하는 것이다.

성기로 상징되는 최고의 신

힌두교 최고의 신 중 하나가 시바이다. 이 시바 신이 사는 곳이 히말라야, 즉 설산 내에 위치한 카일라스이다. 일부의 불교인들은 카일라스를 수미산(須彌山)이라고도 주장하지만, 이는 잘못이다. 불교경전은 이산을 향산(香山)이라고 분명하게 기록하고 있기 때문이다. 카일라스 산에는 향초나 신령한 약초가 많으므로 이를 향산이라고 한 것이다.

사실 카일라스가 시바 신의 주처(住處)가 되는 것과 관련해서는 산의 형태가 마치 포경수술 한 남성의 성기 모양이기 때문이다. 무

● 캄보디아 반데스레이 사원의 부조. 악마 라바나가 시바 신이 사는 카일라스산을 들어서 엎으려 하자, 시바신은 부인 파르바티의 가슴을 만지며 오른발로 지그시 눌러 악마를 제압한다.

슨 최고의 신이 사는 곳이 고추(?)이겠는가 싶겠지만, 시바 신의 상징은 남성의 우람한 링가이다. 그렇기 때문에 그가 사는 곳도 성기와 관련하여 이해하는 것은 매우 자연스럽다. 즉 카일라스 산은 고추산인 것이다. 그러므로 불교에서 이를 수미산이라고 하는 것은 진짜 무지한 발상이 아닐 수 없다.

시바와 관련해서 우리와 연관되는 것은 시바 신이 요가의 창시자이자 관장자라는 점이다. 즉 '인도' 하면 생각나는 요가의 연원이 바로 시바에게 있는 것이다. 시바 신은 흔히 카일라스 산에 호랑이 가죽을 깔고 앉아 있는 것으로 묘사되곤 한다. 이 때문에 인도의 요기들은 호랑이 가죽 위에서 요가 자세를 취한 모습을 연출하고는 하는 것이다.

악 마 라 바 나

신화에서 악마는 그 신화를 간직한 민족과 강하게 충돌하는 다른 종족의 신을 의미한다. 인도로 이주해 온 아리안 족은 민족 이동 과정에서 페르시아 지역을 지나게 되는데, 이 과정에서 강력한 원주민들의 저항을 받게 된다. 이렇게 해서 탄생하는 것이 바로 마신(魔神) 아수라이다. 아수라는 후일 조로아스터교에서 최고신이 되는 아후라마즈다와 관련 있는 것으로 연구되고 있다. 이렇게 신의 경쟁자인 마신의 전설이 만들어지는 것이다.

물론 원주민들을 수월하게 정벌하는 경우도 있다. 이럴 경우 원주민의 신들은 정복민이 섬기는 신 밑의 보조신이나 하부신으로 수용된다. 이보다 강할 경우는 결혼관계에 의해서 융합되는 경우도 있다. 영화 〈퍼시잭슨 시리즈〉에 등장하는 데미갓[半神半人]이라는 존재들은 이렇게 발생하는 것이다. 그 가장 대표적인 경우가 테베에 사는 암피트리온의 아내 알크메네와 제우스의 사이에서 태어나는 헤라클레스이다.

아리안 족의 남하와 관련해서 가장 강렬하게 저항한 세력이

나찰로 상징되는 원주민들이다. 이들의 우두머리가 바로 악마 라바나이다. 라바나는 스리랑카에 사는 것으로 등장하는데, 엄청난 수행을 통해서 '신들에게는 죽지 않는 제한적 불사' 능력을 획득하게 된다. 신들에게 죽지 않는다는 의미는 정복되지 않는 원주민의 강인한 모습을 상징하는 것으로 이해하면 되겠다.

라바나와 시바의 대결

라바나는 틈만 나면 시바 신을 공격하려고 하는데, 신화를 벗겨내면 이는 원주민의 고토회복으로 풀이된다. 라바나는 강력한 힘을 가지고 있으나 번번이 시바에게 패한다. 그렇게 해서 결국 궁리한 것이, 시바 신이 살고 있는 카일라스 산을 통째로 들어서 엎어버리겠다는 것이다. 참으로 악마다운 단순한 발상이 아닐 수 없다.

그런데 시바는 라바나가 땅 밑에서 카일사스를 들어 올리는 데도, 눈 하나 깜짝하지 않고 왼손을 부인 파르바티의 등 뒤로 돌려 가슴을 만진다. 그러면서 오른쪽 엄지발가락으로 땅을 누르자, 라바나는 꼼짝달싹도 못하고 짓눌리게 된다.

적의 기습공격을 받고 있는데, 부인의 가슴을 주물럭거리면서 태연한 시바. 뭐 이런 웃기는 설정이 있나 싶은데, 이런 게 바로 힌두교이다. 이 신화는 악마 라바나는 상대조차 되지 않는, 시바 신의 위대한 권능을 능청스럽게 잘 말해주고 있다. '종교라면 이럴 것이다'라는 생각을 벗어던지게 하는 것이 힌두교이며, 이 점이 바로 힌두교의 참 당혹스러운 매력이 아닐 수 없다.

시바 신과 부인 파르바티. 가장 친근감이 물씬 풍기는 조각이다. 좌측에 시바의 상징인 삼지창의 모습이 살펴진다.

춤으로
세상을 깨우다,
나타라쟈

● 남인도 마두라이의 힌두교사원 문(고프라)에 조각되어 있는 춤추는 시바 신의 모습.

아리스토텔레스가 인간을 정의한 것에 '이성적 동물'이라는 것이 있다. 동물이 더 본질이라는 점을 생각한다면, 인간은 과연 얼마나 이성적일 수 있을까? 인간이 만든 제도와 문화가 인간에게서 동물적 측면을 완전히 뽑아내는 것이 가능할까?

공자는 이성적인 공부와 감정적인 조절이 병기되어야 한다는 공부법을 제시한다. 공자가 예의와 더불어 음악과 예술을 강조한 것은 이를 잘 말해준다. 즉 공자의 교육법은 한마디로 '예악(禮樂)'인 것이다.

『논어』「태백」에는 "시에서 감흥이 일고, 예에서 몸가짐이 바로 서며, 음악에서 모든 것이 완성된다(興於詩, 立於禮, 成於樂)."는 구절이 있다. 또 「술이」에는 "도에서 뜻을 두고, 덕에 의거하며, 예에 의지하고, 예술에서 노닌다(志於道, 據於德, 依於仁, 游於藝)."라는 내용도 있다. 이는 공자가 감성교육의 선구자였다는 것을 의미한다. 실제로 공자의 정치란 음악을 통해서 완성되는 감성교육이었다. 이것이야말로 인간의 본질인 동물적 속성을 순화시키는 가장 간이직절(簡易直截)한 핵심이라고 판단했던 것이다. 즉 인간에게 있어서 이성은 가면이며, 열정이 바로 본질인 것이다.

공자가 고대세계 음악의 발견자라면, 시바 신은 가장 위대한 춤의 완성자
이다. 원시사회에서 춤은 악을 물리치는 몸짓이자, 정신을 끌어올리는 제
의의 한 구성방식이다. 또 춤을 통해서 강한 동물을 모사하는 것은 그 동
물의 영력을 흡수하여 강력해질 수 있는 방법이기도 했다. 이 외에도 춤은
전쟁의 공포를 여의는 출전의 제전에서도 활용되며, 상대를 위협하는 수
단으로도 사용된다. 그러나 이런 춤의 효용을 신과 결합시켜 '위대한 춤'
이라는 개념으로 형상화시킨 것은 힌두교가 유일할 것이다. 왜냐하면 문
명 속의 춤이란, 그저 즐거움의 수단으로만 작용하기 때문이다. 그러나
시바 신은 춤 그 자체를 목적화한다. 이는 춤이라는 고대의 원시성을
종교적인 궁극과 결합시킨 것이라는 점에서 크게 주목되는 측면이다.

　　　시바가 춤의 명인이라는 것은 시바의 기원이 원시주
술적인 인도 원주민의 전통신앙과 연결된다는 것
을 의미한다. 그러나 인도인들은 이와 같은 주
술성을 목적으로까지 승화시켰다. 인도의 북쪽
에서 성기 숭배로 시바를 부각한 것은 세련되지
않은 투박함이다. 그러나 남쪽에서 춤을 환기하
여 최고의 종교적인 목적으로 구현한 것은 남인

● 우주의 생성과 파괴를 춤이라는 역동적인 상징성으로
표현하고 있는 나타라자상.

도인들의 위대한 탁견이라고 하지 않을 수 없다.

춤 의 왕 , 그 역 동 적 인 에 너 지

춤추는 시바를 나타라쟈라고 한다. 해석하면 '춤의 왕'이라는 뜻이다. 시바의 춤은 춤을 넘어선 광기의 춤이다. 광기란 단순한 미침이 아니라, 존재와 하나되는 방식이기도 하다. 이런 점에서 시바의 춤은 이 세상 자체가 된다. 그러나 단정한 성자들은 춤을 통해 분출되는 본질적인 에너지를 이해하지 못했다. 그래서 춤추는 시바를 못 마땅히 여겨 이들은 시바에게 사나운 호랑이를 보낸다. 그러자 시바는 춤을 멈추지 않고 춤을 추는 속에서 손톱으로 호랑이 가죽을 벗겨 덮어쓰게 된다. 또 킹코브라를 풀자 시바는 이를 목에 감고서 춤을 춘다. 이것이 춤추는 시바가 허리에 호랑이 가죽을 두르고 목에는 코브라를 감고 있는 이유이다. 시바는 춤을 통해 모든 장애를 넘어서 융합하는 몰아일체의 합일의 경지를 잘 나타내주고 있다. 이는 그 어느 문화권에서도 살펴지지 않는 힌두교만의 독특한 완성에 대한 해석방식이다.

또 시바의 춤은 우주의 창조와 파괴를 상징하기도 한다. 이것을 표현하고 있는 것이 바로 나타라쟈상이다. 이때 시바는 네 개의 팔과 두 개의 다리로 역동적인 황홀의 춤사위를 펼쳐낸다. 오른손의 흔들어서 치는 북은 춤을 통한 세계의 창조를 상징하며, 왼손의 불꽃은 세상의 종말인 파괴를 의미한다. 결국 창조와 파괴는 동일한 선상에 놓인 상보적이면서 반대적인 가치인 것일 뿐이다. 이렇게 모든 우주는 하나의 거대한 춤과 같은 물결로서, 역동적으로 순환하고 변화하는 것이다.

또 시바가 밟고 있는 대상은 무지와 악에 대한 상징이다. 즉 춤을 통해서 시바는 모든 어리석음과 삿된 가치를 물리치는 것이다. 그래서 시바가 밟고 있는 대상은 어린아이 모습의 악마이다. 기독교권에서 어린아이는 신이 갓 만들어낸 순수한 영혼으로 이해된다. 그러나 윤회론이 지배적인 인도에서의 어린아이는 계몽되어야 할 미숙한 미망의 존재일 뿐이다.

나타라쟈의 춤은 우주를 역동적으로 유지시킨다. 그래서 춤추는 시바의 주위에는 거대한 불꽃과 같은 아우라의 광휘가 펼쳐지는 것이다. 이것이 바로 꿈틀대는 변화를 통한 우주의 생명력이다.

인도인들은 어떻게 자신들이 최고로 여기는 신을 춤이라는 역동성과 결합시키려는 생각을 했을까? 일반적으로 원시제전의 춤은 종교가 체계화되고 정제되면서는 일부의 거룩한 종교의식으로만 남을 뿐이다. 즉 경건함이 인간의 원초적인 본능을 억제하는 것이다. 그러나 이 부분에서 인도인들은 이성의 가면을 벗고, 보다 본질적인 자신과 마주하고 있다. 이것이 바로 힌두교의 진정한 힘이 아닌가 한다.

전 세계의 어떤 종교도 이 세계의 창조와 파괴, 그리고 유지를 춤과 연결시켜 이해한 예는 없다. 춤을 통한 망아와 예술이 자체로 세계화되는 것, 이것이 바로 산란하고 복합적인 힌두교가 인도인의 정신을 지배하고 있는 진정한 매력은 아닐까?

작정하고 재미있게 쓴
에피소드 인도

2015년 3월 18일 초판 1쇄 발행
2016년 6월 10일 초판 2쇄 발행

지은이 자현
발행인 박상근(至弘) • 편집인 류지호 • 편집 김선경, 양동민, 이기선, 양민호
디자인 koodamm • 제작 김명환 • 홍보마케팅 허성국, 김대현, 박종욱 • 관리 윤애경

펴낸 곳 불광출판사 03150 서울시 종로구 우정국로 45-13, 3층
　　　　대표전화 02) 420-3200 편집부 02) 420-3300 팩시밀리 02) 420-3400
　　　　출판등록 1979. 10. 10(제300-2009-130호)

ISBN 978-89-7479-098-1　03910

이 도서의 국립중앙도서관 출판시도서목록(CIP)은
서지정보유통지원시스템 홈페이지(http://seoji.nl.go.kr)와
국가자료공동목록시스템(http://www.nl.go.kr/kolisnet)에서 이용하실 수 있습니다.
(CIP제어번호: CIP2015007294)